到

打卡生活

徐德亮
主编

胡岳潭　著

中国纺织出版社有限公司

内 容 提 要

《到元朝打卡生活》是“课本来不及告诉你的古代史”丛书之一，以轻松活泼的叙述方式，描述了元朝时期的民间社会生活百态。全书生动地展现元朝人的日常饮食、防暑保暖、交通、住房、职业、旅游、文体活动，等等，像是一幅文字版的“清明上河图”。元朝民间的生活到底是什么样的，有哪些特殊的风俗习惯，现代人对元朝人生活的好奇，将在书中一一得到解答。同时，书中配有多幅精美的插图，生动再现元朝人的日常生活面貌。

“课本来不及告诉你的古代史”丛书，囊括了中国历史上各个时期的百姓日常生活史，由历史学领域的资深写作者执笔，以正史为蓝底，以幽默生趣、易于阅读的讲史方式，还原各个朝代的不同社会风貌，生动呈现中国古代百姓生活的变迁和传承。

图书在版编目（CIP）数据

到元朝打卡生活 / 胡岳潭著. --北京：中国纺织出版社有限公司，2021.7

（课本来不及告诉你的古代史 / 徐德亮主编）

ISBN 978-7-5180-8585-9

Ⅰ.①到… Ⅱ.①胡… Ⅲ.①中国历史－元代–通俗读物 Ⅳ.①K247.09

中国版本图书馆CIP数据核字（2021）第098237号

策划编辑：李满意　胡　明　　责任编辑：张　强

责任校对：王蕙莹　　责任印制：王艳丽

中国纺织出版社有限公司出版发行

地址：北京市朝阳区百子湾东里A407号楼　邮政编码：100124

销售电话：010－67004422　传真：010－87155801

http: //www.c–textilep.com

中国纺织出版社天猫旗舰店

官方微博http: //weibo.com/2119887771

北京华联印刷有限公司印刷　各地新华书店经销

2021年7月第1版第1次印刷

开本：880mm × 1230mm　1 / 32　印张：8.625

字数：135千字　定价：68.00元

序　言

翻云覆雨数兴亡，百年身世细思量

“山色消磨今古，水声流尽年光。翻云覆雨数兴亡，回首一般模样。清景好天良夜，赏心春暖花香。百年身世细思量，不及樽前席上。”

这首《廿一史弹词》压卷的《西江月·读元史》，仿佛一瞬间便带我们读完了“大哉乾元”的百年元朝。元朝是中国历史上最复杂的王朝，它起于塞外苍狼，最初不过是几个放牧的部落，到后来金戈铁马气吞万里，才大有以天下为牧场的志向，但等到黄金家族建立不世之伟业，大元帝国地广万里，千族繁衍，才终于意识到帝国的主题并不是打打杀杀、开疆拓土，而是朝堂上的君臣相争，道路上的行商千里，城镇里的百业兴盛，老百姓的柴米油盐。

于是就有了蒙古贵族吃朝鲜泡菜，汉人喝蒙古奶茶，色目人住雕梁画栋这样的民族大融合。只不过，随着大元帝国的风云散去，这些历史的细节也逐渐被人忽视和遗忘，我们今天看到的便只有宏大叙事的成吉思汗远征、忽必烈建元了。

但是，读史的人应该明白，历史总归不只是王侯将相的历史，平民百姓才是书写历史的人。王侯将相能够被历史湮灭，平民百姓所留下的历史却一直传承到了今天，融入了我们民族的文化基因中。

读者如果不明白，那么请看今天中国人的生活，我们吃的涮羊肉，穿的小坎肩，喝的奶制品，摆放的青花瓷，更不用说遍布北方的胡同，这些都是元时老百姓留下的历史足迹。

“风战枯桐敲纸窗，拥裘无寐夜偏长。”翻开史书，这个不足百年的“短命王朝”，总让人有一种意犹未尽的感觉。但殊不知，正是这个短命王朝，缔造了史无前例的亚欧民族大融合，东欧民族、中亚民族、东亚民族乃至于东南亚民族，都在这个帝国里熙来攘往，这让元朝人的生活无比多彩，让元朝的文化无比繁复，而这正是隐藏在历史大视角之下的“小确幸”。

而本书要做的就是寻找到这种“小确幸”。在本书中你会看到元朝人的别样生活。仅以衣着风格为例，元朝人与前朝人有巨大的区别，这不仅因为元朝的塞北服饰特点，也因为夹杂了西方的宗教元素，还有对宋人衣着形式的继承，又经过近百年的改良与传承，最终形成了至今影响深远的蒙元服饰。

除了衣着风格，饮食习惯也是元朝人生活中颇具特色的一项内容。风行一时的“网红奶茶”，风味独特的“涮羊肉”，皇室

专供的“元八珍”，无论是帝王将相，还是平民百姓，都能在元朝的“特色食单”中找到自己喜欢的口味。

元朝的繁荣富庶，我们也可以在世界历史中找到旁证。《马可·波罗游记》对元时临安城繁华景象的描写，让一个世纪的欧洲人为之癫狂沉醉——方圆百英里的城池，城内随处可见的店铺，精美华丽的居民住宅，种类繁多的手工业技艺……这些中外史料中独特的“元朝记忆”，让今天的我们可以更清楚地了解到元朝人真实的生活景象。

相比于宏大视角的历史研究著作，本书更注重讲述文化生活中的细节，因此在内容上也更为通俗轻快。在这本书中，你可以了解到元朝社会生活的千姿百态——元朝人爱穿的漂亮衣服是什么样的，元朝人喜欢吃的特色美食有哪些，元朝人怎么学习、怎么工作、怎么娱乐……

历史并不是冰冷的时间表，而是曾经鲜活的真实记忆。学习历史并不只是为了记住时间、记住事件，而是要去感受、去认知，这样所获得的历史才是真的历史、活的历史。

胡岳潭

2021年6月

元 谢楚芳 《乾坤生意图卷》（局部）

目 录

第一章 衣

第二章 食

第三章 住

第四章 行

目 录

第五章　工

第六章　学

第七章 礼

第八章 乐

第一章 衣

马上民族？

元朝皇帝一样自认“龙的传人”

中国历朝皇帝都自称“真龙天子”，既然是“真龙”，自然是不能和老百姓一样的，而最直接体现天子和老百姓差异的就是服装，天子最具有标志性的服饰就莫过于“龙袍”。历朝历代的皇帝，只要是有画像存世，一般都是一身龙袍冠带，然而元朝却好像并非如此。

在古画中的元朝皇帝，似乎总是一身民族服装，看起来既简单又朴素，和老百姓的服装几乎没有任何差别，而且元朝人尚白，古画中的皇帝一身简单的白布衣，真有一种“白龙鱼服”的感觉。

元朝皇帝的“龙袍”样式

元朝皇帝这样的画像，自然是有其现实渊源的，但元朝皇帝从来都不穿龙袍的吗？对于“真龙天子”的特殊形象，他们真的是一点兴趣也没有吗？

解答这个问题很简单，我们只需要先翻一下史料就可以了。《元史·舆服志》原文记载："天子冕服，衮冕，制以漆纱，上覆曰綖，青表朱里。綖之四周，匝以云龙。冠之口围，萦以珍珠……冠之周围，珠云龙网结，通翠柳调珠……衮龙服，制以青罗，饰以生色销金帝星一、日一、月一、升龙四、复身龙四、山三十八……"

从这段原文我们可以看出来，天子冕服上龙的出现概率并不低，而且后面还有文字记录："大德十一年九月，博士议：唐制，天子衮冕，垂白珠十有二旒……"

元朝皇帝画像中为什么少穿龙袍

大德是元成宗的年号，成宗是元朝第二位皇帝，也就是说，这时就已经开始效仿唐朝制度设计皇帝冠冕，所以元朝皇帝穿龙袍是毫无疑问的。那么，为什么我们看到的元朝皇帝却几乎没有穿龙袍的呢？

其实，这是由于画师作画的背景不同导致的。一般中国古代的皇帝画像，用途只有一种，那便是留存后世，让子孙供奉在宗庙中祭拜、瞻仰和缅怀，因此皇帝画像往往力求真实，也就是要画得像。这种像不仅要画中图像样貌与皇帝本人相似，其他细节也要相似才行，而蒙古族的元朝皇帝，日常最常穿的衣服就是画像上这种，画像反映的就是皇帝的常态。

而且，元朝皇帝虽然欣赏儒家的帝王崇拜，但对于整个民族的汉化一直是持谨慎态度的，换言之，皇帝虽然喜欢龙袍，但还是想让后世子孙不要忘本，从服饰上保持本民族的特点，也算是

元太宗像

一种防微杜渐。

当然，画像中的元朝皇帝都身着布衣还可能有一个小原因，那就是当时的蒙古服饰确实要比汉朝皇帝“冠冕堂皇”的服饰要舒服。它在当时还有一个专有称呼，叫作“质孙”。

质孙在当时蒙古语境中的意思是“华丽”，质孙服也就是“华丽的衣服”，早期是蒙古军队高级将领在重要场合穿着的服饰。质孙服最大的特点就是一个颜色，古籍记载：“质孙，汉言一色服也，内廷大宴则服之……，凡勋戚大臣近侍，赐则服之。”

因为质孙服主要是用于马上，所以首先要保证它的柔软度、弹性，质孙服的面料主要是元代比较具有特色的“纳石失”，也就是织金锦。其次，质孙服还要轻便、灵活，因此其形式就必然是衣摆短小、窄袖、缩肩、紧身、容易收紧。

但是，这只是质孙服早期的样式，随着蒙古帝国的扩大，帝国贵族的生活也日渐奢靡，质孙服的功能性开始减弱，其观赏性、仪式性开始增强了。此时，质孙服衣摆开始变长，使用面料也越来越精致，更有人开始将装饰物加在质孙服上，原本整洁利落的“军便服”最终变成了“仪仗服饰”。

据史籍记载，元朝皇帝的质孙服共有冬服十一等、夏服十五等，百官的质孙服则有夏服十四等、冬服九等。

遥想当年蒙古铁骑在缺衣少食的情况下，一身质孙服从东亚征服到西欧，后世子孙骄奢淫逸到光服饰颜色样式就有二十六种之多，成吉思汗泉下有知，真不知道会作何感想。

既然平时多穿质孙服，那么元朝皇帝什么时候穿龙袍呢？答案是正式场合。无论如何，儒家的典章礼仪、国家制度都是元朝皇帝非常认可的，即便再喜欢质孙服，他们也知道那不是正统服饰，因此每次遇到正式活动，如登基、祭祀、大型朝会、大型仪式等，皇帝一样是要冠带整齐，仿效汉唐服饰制度，以昭示元朝的天下正统。

据史料记载，忽必烈汗在大都建元大元，就是一身正统的衮龙冠冕，在祭拜天地、祖先之后登基称帝的。

所以说，元朝皇帝也是穿龙袍的，无论是汉族还是其他民族，一旦当上了皇帝，就自然会认为自己是“真龙天子”，是天下唯我独尊的唯一，你让他主动放弃代表着身份和特权的龙袍怎么可能呢？

大放异彩的汉化蒙服：你没见过的时尚混搭

“士庶咸辫发垂髻，深檐胡俗。衣服则为袴褶窄袖，及辫线腰褶。妇女衣窄袖短衣，下服裙裳，无复中国衣冠之旧。甚者易其姓氏，为胡名，习胡语。俗化既久，恬不知怪。”

以上这段话出自《明太祖实录》，意思是朱元璋在建立大明的时候，对中原汉人“穿胡服、为胡名、习胡语”深恶痛绝，不禁感慨“无复中国衣冠之旧”。

元朝统治者要求汉人必须穿蒙古服吗?

作为一个复古主义者，朱元璋认为汉唐时代是最好的，而元朝汉人的服饰让朱元璋看不惯，毫无疑问就是因为他们背弃了祖先衣冠，也就是说，元朝汉人所穿的服饰是有别于以往的汉服的，这种差别是怎么造成的？是不是元朝强迫汉人易服呢？

其实并不是，翻阅元朝的史料，基本没有元朝政府要求汉人普遍性地易服、易法的证据。当然，如果说元朝对汉人服饰完全没有规定也是不客观的，在元朝刚刚建立的时候，还真的对汉人尤其是所谓的“南人”有过一项规定，那就是不准他们穿蒙古族人的服饰，除了蒙古服饰，其余自便。

作为征服者，反倒担心被征服者被自己同化，不得不说元朝统治者的思路还真的是非常奇葩。然而，这样的规定只维持了很短的一段时间。随着元朝政局稳定，民族融合开始加快，元朝的统治者惊奇地发现，不但蒙古贵族开始穿汉服了，很多汉人也照着蒙古服饰的样子，对汉服进行了加工、改造。

蒙服被汉化：从曳撒到比甲

在国家博物馆的藏品中有一幅名为《明宪宗元宵行乐图》的明代宫廷绘画，绘画的内容是大明皇室在元宵佳节这一天的行为。在画中，我们能够明显感觉到宪宗皇帝的服饰有些奇怪，不像是传统的汉服，反倒是有点类似于蒙元皇帝的衣服。其实，明宪宗身上穿的，就是带有元朝色彩的“明曳撒”。

“曳撒”就是前文说的质孙服的汉人叫法。质孙服从早期的蒙古贵族服饰变为蒙古人的常服，加之汉人长期与蒙古人打交道，于是这种简单、轻便的日常服装就慢慢为汉人所接受。

曳撒在汉人身上一穿就是上百年，到明宪宗时期，虽然明朝与北元日日刀兵，但宪宗却对曳撒情有独钟，在宫里最常穿的衣服就是曳撒。

除了曳撒，元朝汉人服饰中另一个来自蒙古族的元素是比甲。比甲简单来说就是坎肩加开衩长裙，据史料记载为忽必烈皇后弘吉剌·察必所创。

《元史·世祖后察必传》记载："（后）又制一衣，前有裳无衽，后长倍于前，亦去领袖，缀以两襻，名曰'比甲'，以便弓马，时皆仿之。"

从史料中能够看出，比甲一开始是作为皇帝日常便服出现的，为了骑马方便，"比甲"前面没有衽，后面很长，没有领子也没有袖子，在腰部缀上两个带子，骑射时穿上它既暖和又方便。但是，经过时间的洗礼，这种比较奇怪的服饰却被汉族女性看上了，于是，比甲便从棉料变成了丝织料，颜色也越来越多样，比甲上的花纹也越来越复杂、精美，以至于最后几乎成了时尚服饰。

曳撒、比甲之外，元朝汉人来自蒙古的服饰元素还有袄裙、补子、云肩、交领、通袖襕等。到这里，我们可以小结一下元朝汉人的服饰，那就是一种引入了游牧民族服饰元素的宋代汉服，或者一种增加了汉人元素的蒙古质孙服。

朱元璋在要求全国服饰复古的时候特意强调：士民皆束发于顶，官则乌纱帽、圆领袍、束带、黑靴；士庶则服四带巾、杂色盘领衣，不得用黄、玄，士庶妻首饰许用银镀金，耳环用金珠，钏镯用银，服浅色团衫，用纻丝、绫、罗、绸、绢；不得服两截胡衣，其辫发椎髻、胡服、胡语、胡姓一切禁止。

这也从侧面反映了元朝中后期汉人的服饰是以非圆领、两截

明 佚名 《明宪宗元宵行乐图》

衣等为代表的蒙元服饰，这并非元朝政府强制推行的结果，而是文化影响下汉人的自发行为。

而且，因为元朝政府对于汉人服饰的宽松态度，导致汉人服饰文化异常繁荣。元朝时朝鲜汉语教材《老乞大》中提到元朝人服饰的时候就说："春间好青罗衣撒，白罗大搭胡，柳绿罗细褶儿。到夏间，好极细的毛施布布衫，上头绣银条纱搭胡鸭绿纱直身。到秋间是罗衣裳。到冬间，界地纻丝袄子，绿绸袄子，织金膝栏袄子，茶褐水波浪地儿四花袄子，青六云袄子，茜红毡段蓝绫子裤儿，白绢汗衫，银褐纻丝板褶儿，短袄子，黑绿纻丝比甲。这般按四时穿衣裳。"

四时都穿不一样的衣裳，这正是元朝时期服饰文化空前繁荣的真实写照。正因为如此，才使得汉人在接受元朝文化的时候的抵触性没有那么强烈。不仅大量的汉人穿蒙古服饰，更有大量的汉人拥有蒙古名字。

当年，朱元璋在韩林儿手下做大将，因为战功卓著而得到外号"拔都儿"（蒙古语勇士的意思），连朱元璋自己都曾经拥有蒙古名字，并引以为傲。只是不知道当建立自己的明帝国之后，朱元璋让全国百姓无论汉蒙一律易服不许胡姓的时候，有没有想起过自己"拔都儿"的过往。

帽子和头
一样重要

或许大家不大了解的是，在元朝，帽子是和头颅一样重要的东西，各式各样的帽子都颇得元朝人喜爱，如果在历史课本上看到某位历史人物带着比较有特色的帽子，不用想，这一定是元朝的名人。

要说在书上最常见的戴帽子的元朝名人——头戴白金褡子暖帽的忽必烈绝对是曝光度最高的。他头上的这种褡子暖帽主要在冬天佩戴，其他的还有红金褡子暖帽、金锦暖帽和银鼠暖帽；夏天时分，华丽清凉的珠子卷云冠、白藤宝贝帽、金凤顶笠则是他的常用帽式。

男子帽冠

在元朝，不论男女皆戴帽冠，冬帽而夏笠，相比于女子，元朝男子的冠帽样式要更为丰富，无论是皇家贵胄，还是平民百姓，总会收藏一两顶别具特色的冠帽。

在诸多形制的冠帽中，钹笠帽是元朝人最常佩戴的一种帽式。这种帽子在形状上如锅盖或铜钹，为半圆球状，帽檐向外伸出，并且稍稍向下倾斜，顶部可放置装饰物。叶子奇在笔记小说集《草木子》中提到的“官民皆戴帽，其檐或圆”，指的正是这种钹笠帽。

这种帽子在元朝时非常流行，上到皇帝，下到百姓，几乎人手一顶，忽必烈在外出狩猎时，经常会佩戴这种帽子。

最初这种帽子并没有设计前檐，无法阻止阳光直射。忽必烈将这件事说给自己的皇后察必后，察必特意对这种帽子进行改制，增加了前檐设计，为其增加了遮阳功能。这一改动让忽必烈大喜，在他的推动下，这种带檐的钹笠帽便在当时盛行起来。

除了遮阳之外，装饰美观、凸显身份也是这种帽式的一大特征，天子所戴的钹笠帽是最为华丽的，这一点从元朝历代帝王的传世画像中便可以看出。

在装饰美观方面，从元成宗的画像中可以看到，他所佩戴的是一款白色钹笠帽，帽顶镶嵌有珠宝，帽带则是一条华丽的串珠，在帽子后面则是一块巾布遮盖后脑，虽然整体样式略显简约，但珠玉宝石也足以衬托出帝王的气势。

而在凸显身份方面，帽顶和帽带是辨别这种帽式等级差别的主要依据。明人沈德符在笔记《万历野获编》中提到，元朝的王公贵族都会佩戴帽子，人们可以根据帽顶的装饰来判断其身份和地位。如元朝皇帝和贵族往往戴圆形大帽，皇帝的帽子顶上往往以九龙盘绘，贵族则加以珠玉等加以装饰，中下等贵族则往往配戴素面圆帽或四方形的瓦楞帽。

对于平民来说，无论是帽顶或帽带，都不能使用金玉。

明人陶宗明在《南村辍耕录》中提到，在元成宗大德年间，一个官吏从商人手中买到了一块红剌石，花了大概有十四万锭中统宝钞。他想将其镶嵌在帽子顶上，来彰显自己的身份。

元文宗太子 孛儿只斤·雅克特古思

在钹笠帽之外，瓦楞帽也是元朝人颇为喜爱的一种帽式。这种帽子多呈四方形，棱角颇为分明，上窄下宽，多为细藤条或牛马尾编制而成，结实耐用，帽顶可放置装饰物，以凸显佩戴者身份。

女子帽冠

相比于男子，元朝女子的冠帽样式并不多，其中最为有名的帽式就是高约二尺的“罟（gǔ）罟冠”。先不论其具体帽式如何，但从这一高度来看，这款帽式的实用性便已经大打折扣了。

一个完整的“罟罟冠”通常由三部分组成：紧挨头顶的部分是一个小兜帽，有缨可系于下颌，女子可将发髻塞入兜帽之中；在兜帽之上，是帽子的主体部分，一个中空的圆筒，上可装饰各种珠玉宝石；在圆筒上面是一些羽饰、翎子之类的装饰。

在这三部分装饰中，高冠是最为出彩的地方，身份尊贵的女子一般会着红色高冠，并在其上装饰各类珠花。《长春真人西游记》中所提到的“富者以红绡”便是在指以“红娟绡”装饰的“罟罟冠”。

在元朝，出嫁的妇女不戴上这种帽子，是不会出来见人的。人们往往会根据女子们所戴冠帽的样式来判断其身份和社会地位，越是身份尊贵的女子，越要在冠帽上多费心思。

可以看出，元朝人戴帽子除了出于美观，更多是为了凸显自己的身份与地位。如果说平民百姓更多追求戴帽子的舒适感，那王公贵族们在选择帽子时，就会更多在样式的精致以及装饰的华美上下功夫了。

但无论怎样在帽子上下功夫，他们还是要先掂量清楚自己的身份与地位，如果为了追求一时的虚荣，戴上了不合自己身份的帽子，那可是会付出不小的代价的。

时尚发型，
元朝 Style 是娃娃头

古装电视剧里，不同朝代的发型和衣饰都会有所不同，元朝肯定也不例外。而且元朝的统治者是蒙古族人，他们的发型和服饰自然也自成风格。那么，元朝的蒙古族人到底流行什么样的发型和服饰呢？

元朝人的发型

蒙古族人将头看作智慧之源，他们认为头是至高无上的部位，因此他们很重视自己的头，而且对发型和帽子也非常讲究。

蒙古族人的发型帽子跟图腾崇拜有一定的关系。《蒙古秘史》记载，乞颜氏的祖灵神是白海青，他们很有可能用海东青式发型和帽子表示对图腾的崇敬。如果按照性别来划分，元朝的发型主要可以分为两种。

蒙古族男子习惯留三搭头，戴栖鹰冠。孟珙在《蒙鞑备录》中说到，“上至成吉思汗，下至平民百姓，都是剃婆焦，类似中

元世祖忽必烈第四子　诺木干

国小孩子留三搭头。”

鲁不鲁乞在《东游记》中也描述了他所见的三搭头发型，“在头顶上把头剃光一方块，并从这个地方前面的左右两角继续往下剃，经过头部两侧，直至鬓角，把两侧鬓角和颈后的头发剃光，把前额直至前额骨顶部的头发剃光，在前额骨那里，留一簇头发，下垂直至眉毛。头部两侧和后面留着头发，把这些头发在头的周围编成辫子，下垂至耳。”

根据这些史料，可以看出三搭头就是：先环剃除去顶发，然后将颅前发剪短垂至眉毛，就像我们现在所说的刘海一样；两边

元世祖后像

的头发编成发辫，然后垂在肩上，即两束辫子垂于耳侧，只在前额留一撮头发。这样的发型，看上去甚至有点俏皮可爱。

再来看看蒙古女子的发型。蒙古女子的发型在结婚前后有所不同。结婚前，蒙古女子发型也颇具民族风，但大多都是垂发。结婚后，蒙古女子会剃去前半部分头发，然后把后半部分扎起来，戴上罟罟冠。

在成吉思汗时期，蒙古女子的罟罟冠已经发展成为一种风俗。如加宾尼《蒙古史》云："此种头饰，至元朝之后期，蒙古妇女仍服之。"《永乐大典》所载蒙古罟罟冠，引《析津志》所记：“其富丽之概，已非蒙古初期可比。然民间仍较简陋。”

后来，这种罟罟冠通过画像和岩画慢慢流传下来。1927年，在中国传教的比利时传教士田清波就将故宫中收藏的戴着罟罟冠的元代帝后画像刊布出来。

元朝人的日常服饰

元朝人的服饰和发型一样，也经历了一个很大的变化过程。从初期到中后期，蒙古族人的服饰有许多改变。

按照身份划分，元朝的服饰分为官服和民服。

官服为龙蟒缎衣，上面绘制着不同的图案。通过这些图案，我们可以看出官员的等级。如衣服上有龙爪图案的官员等级最高，穿有狮子、麒麟、鹤、雉等图案的衣服的官员等级则依次递减。

民服是普通百姓穿的衣服，与官服相比，元朝的民服也有所改变。虽然忽必烈曾规定民服“从旧俗”，但民服变化也很大，其种类和式样也分为很多种。

按照性别划分，元朝的服饰分为男子服饰和女子服饰。几个世纪前，蒙古女子服饰和男子服饰的式样大致相同，当时通过衣饰很难判定蒙古人的性别。直到元朝建立，蒙古的男女服饰才有了区分。元朝时，男子的服饰为长袖、宽襟，而女人的衣服则为短袖高领的长袍。

按照衣服种类划分，元朝人的衣服可以分为很多类型。其中，比较有特色的当属元朝的“比甲”和皮袍。

比甲对汉人服饰的影响在前文已经有过描述，它对蒙古服饰的影响则更大。明清时期人们都在穿这种服饰，那时的人们把“比甲”改名为“甲哈”。史料载，清朝末年，在呼伦贝尔巴尔虎还有蒙古族牧民穿着这种带有“甲哈”的蒙古袍。当时的“甲哈”有男女之分。男式“甲哈”下端到腹部，女式“甲哈”下端呈椭圆形，形状和护肩差不多。清朝人多用“甲哈”当作御寒衣物，所以他们制作的“甲哈”上面常常挂着轻柔的毛皮。

皮袍。通常元人冬天会准备两件皮袍，一件皮袍的皮毛在里面，元人将其穿在里面用来保暖；一件皮袍的皮毛在外面，元人将其穿在外面用来抵挡风雪。其中，穿在外面的皮毛大多使用狼皮、狐狸皮或狒狒皮制作而成。不过，生活条件比较差的人用不起名贵的皮毛，只能用狗皮或羊皮制作皮袍。

元人不仅用皮毛制作皮袍，还会用皮毛制作裤子。家境比较优渥的元人会用一种极为柔软的丝绵制作冬衣，这种衣服既保暖又轻便。

总之，元朝建立之后，一般蒙古人的服饰大体上还保留了蒙古的风格样式，只有皇帝、贵族、王公大臣的服饰有了一些变化。当然，每个朝代的发型和服饰都有自己独特的风格。追其根本，其风格与他们的风俗习惯和生活习性都有着很大的关系。

一个罟罟冠，半部草原史

电视剧《康熙王朝》中，斯琴高娃扮演的孝庄皇太后在盛装出席重大场合时，头上总是梳着一个大大的类似于牛角的发饰，让人觉得很夸张。其实，斯琴高娃这身装扮是有原因的，孝庄皇太后名讳是博尔济吉特氏布木布泰，她出身科尔沁蒙古部落，而蒙古族贵族女性一个重要的服饰特点就是头上大大的牛角发饰，一直到清末，这种服饰特点也依然保留在蒙古草原，我们今天还能够找到留着这样发饰的蒙古贵族女性的照片。

罟罟冠的由来

那么，这个特殊的发饰从何而来？有学者认为，其原型很可能就是元朝时的罟罟冠。其实罟罟冠并非元朝首创，而是沿袭自更古老的草原文明。一个小小的罟罟冠可以说是草原文明发展延续的重要象征。

对罟罟冠的出现，江上波夫（日本学者）认为最早提及是在

元武宗后像

《后汉书·乌桓传》中，即“句决”，意思即罟罟冠。而我国蒙古史学家金启孮则认为罟罟冠的雏形应该是高车妇人所戴的头饰。

由上可见，罟罟冠最早的雏形至少在蒙古族统一草原前500年就有了。在此之前，草原分别出现了匈奴、鲜卑、突厥、契丹、女真等多个民族，在这些民族的女性头饰上，我们几乎都能够看到类似于罟罟冠的发饰。如考古发现的鲜卑石俑中，就有女性头发高高隆起的造型，按照头发可能达到的高度和石俑比例，这个造型毫无疑问是加工后的发饰，或者说是使用的饰品。在河北发现的辽代壁画上，也能够看到女性梳着两个高高的类似于发髻一样的东西。

史学家认为，这种高高隆起的发饰或发型，可能与草原特殊的自然崇拜有关，但无论怎样，这种造型最终演变出了盛行元朝的罟罟冠。

罟罟冠的制作及作用

罟罟冠是装饰而非发型，这是毫无疑问的。那么，这个装饰物是怎么制作的呢？

首先，要找到一块结实的树皮，一般是选择桦树，将树皮卷成长筒状，然后外衬皮革或布帛，并加以缝制，缝制好之后罟罟冠的整体结构就成型了。之后，再在上面装饰以色彩鲜艳的绸缎，身份高贵的女性还会镶嵌各种宝石、琥珀以及漂亮的鸟类羽毛等。

元顺帝后塔济

罟罟冠长度一般都在

一尺以上，元朝杨维桢有诗句说“罟罟冠子高一尺，能唱黄莺舞燕儿”。《长春真人西游记》则记载“妇人冠以桦皮，高两尺许”，也就是说戴在元朝妇女头上的罟罟冠最低也要在30厘米以上，而现今出土的最高的罟罟冠则高达114厘米。

如此高的罟罟冠戴在头上，人还能做些什么呢？答案是什么也做不了。罟罟冠戴在头上，尤其是高达米许的罟罟冠，戴冠者几乎只能小幅度移动，而这恰好是礼仪活动所需要的。从这个角度讲，罟罟冠简直是和中世纪欧洲女性的束腰、蓬蓬裙有异曲同工之妙。

虽然戴着不舒服，但罟罟冠却是身份的象征，因此元代女性依然对此趋之若鹜。当年蒙古贵族女性结婚，彩礼中如果没有一顶罟罟冠，女性是断然不能同意的。当年，拖雷妻子唆鲁和贴尼见到贵由大汗的遗孀斡兀立·湾迷失时，也按照礼节送给对方一顶罟罟冠。

罟罟冠的变化及传播

随着蒙古族人入主中原，罟罟冠也就被他们带到了中原服饰文化当中。中原人一开始也很惊异这种独特的装饰，但日子长了便见怪不怪，甚至也开始有样学样了。

元末明初，北方汉人女子在出嫁的时候，也往往需要婆家准备“高帽”，这个高帽的原型很可能就是罟罟冠。不过，这种高帽之风在汉人中并没有流行起来，反而随着蒙古退回草原，罟罟冠也消失在了中原文化生活中。

东方文明中的罟罟冠虽然淡去了，但是，蒙古族的罟罟冠却传递给了西方。因为蒙古帝国疆域庞大，帝国极盛时曾囊括东欧地区，因而蒙古族的服饰文化也随同蒙古铁蹄一起，翻越高加索山进入了欧洲版图。

中世纪的欧洲，贵妇人之间流行一种埃宁帽，那是一种配有浮滑型里纱的尖顶高帽，在帽子旁边，妇人们装饰上各种珠宝、刺绣、金银，以彰显自己的身份地位。这种埃宁帽最高可以达到80厘米，其原始雏形就是罟罟冠。

随着蒙古帝国的分崩离析，此后的数百年里，罟罟冠文化也发生着变革，汉人的高帽不见了，欧洲人的埃宁帽也成了巫师的“专利”，就连蒙古族内部也发生了变化。大量部族开始逐渐放弃罟罟冠，转而使用其他类型的头部装饰，到了清朝初期，因为满蒙联姻，清朝出现了大量的蒙古皇后、妃子。来自不同部落的妃子服饰、头饰各不相同，有孝庄这样的科尔沁蒙古格格戴的牛头头饰，也有来自蒙古其他部族格格戴的茶杯式的头饰；头饰虽然千姿百态，但其本源都是蒙古帝国时期的罟罟冠，就和这些格格都同出一个祖先是一样的。

由此而言，一顶罟罟冠，真可以说是蒙古草原一部兴盛衰败、帝国更迭的历史。

“戴绿帽”是国家规定

绿色是生机盎然的颜色，但如果将这种颜色运用到帽子上，“生机盎然”之感便会荡然无存。“绿帽子”一词在我国现代社会中被赋予了新的含义，成了让人望而生畏的存在，但在元朝，戴“绿帽子”却是一种国家规定，不戴是要担罪责的。

五色为服的传统服色观“看不起”绿色

在说元朝有关“绿帽子”的规定之前，我们有必要先了解一下我国传统服饰配色的相关知识。

“绿”这种颜色，在我国古代社会中，是一种颇受限制和贬抑的颜色，只有地位低下的下层人才会身着绿衣。

先秦时代以“五色”作服，《礼记》和《周礼》中都对青、赤、黄、白、黑“五正色”的记录和有对“染色不正”的批评，而在五色之外的颜色则被称为“间色”，如绿色等。“正色”的地位要远高于“间色”，绿色作为“间色”的一种，只能作为平

明 唐寅《王蜀宫妓图》

民服装的配色。

到了唐代，这种服饰观念依然没有改变，绿色成为六七品低级官吏的专用服色。可能是与绿色相近的缘故，青色虽然是“正色”，但却成为八九品官吏的服饰颜色，地位明显降低了许多。由此看出，古人从一开始就对绿色没什么好感。

在唐代封演的笔记小说《封氏闻见记》中有一个故事，其中提到有的地区官吏触犯了律令，可以不施加杖罚，而是让犯罪官吏头戴绿巾，所犯罪责越重，佩戴绿巾的时间就越长。这样一来，百姓们看到某个官吏带着绿巾走在大街上，便知道其做了违法乱纪之事；如果过了很多天，这位官吏还没把头上的绿巾摘掉，那就说明这人所犯罪责还是非常严重的。对于当时的官吏来说，这种屈辱性的惩罚显然要比杖责残酷得多。

绿帽子衍生为特殊含义

宋代表演歌舞的艺人们通常都要佩戴青色头巾，这种服饰装扮也体现出当时这一群体处于相对较低的社会地位。在这一时期，绿色头巾所代表的还只是低下的社会地位，并没有过多的引申含义，但到了元代，逐渐与娼妓扯上关系，绿巾、青巾就渐渐有了“绿帽子”的含义了。

《元典章》规定，娼妓的家长和亲属男子需要头戴青巾。这与春秋时期“货妻求食”的男子被要求佩戴绿巾的规定颇为相似，但《元典章》将其以法规形式确定下来。

正是从这时开始，“绿帽子”开始衍生出新的意义，它不再单纯是地位低下的象征，而成了娼妓之夫的代名词。也正是从那时开始，人们慢慢将头戴绿巾与“妻子有外遇”联系在一起，明人郎英在笔记小说《七修类稿》中便提到了“吴人称人妻有淫者为‘绿头巾’”的内容。

从上面的介绍可以看出，元朝将“绿巾”规定为娼妓之夫必须佩戴的服饰装束，是秉承了我国传统服饰配色思想的结果。在其后的明朝依然延续了这种思路，“绿衣”“绿巾”同样是低级伶人、乐工的主要服饰。

即使到了现代，“绿帽子”所衍生出的新含义，也与元代的规定以及我国传统服装配色思路有着一定的关系。

第二章　食

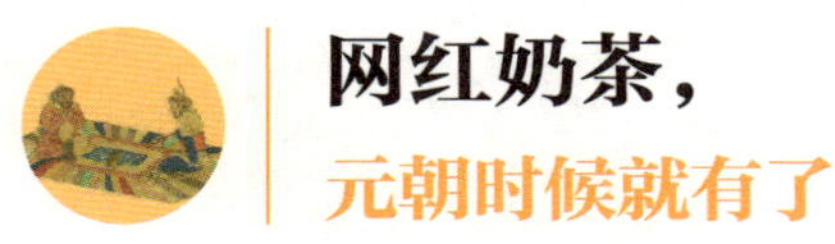

网红奶茶，
元朝时候就有了

今天，各种网红奶茶开遍了城市的大街小巷，吸引无数人驻足排队。但你是否知道，这些网红奶茶的始祖其实都可以追溯到元朝。

元代的网红奶茶

在元朝时，皇室贵族很喜欢一种名为炒茶的饮料，这种炒茶是怎么做的呢？《饮膳正要》上记载是“用饭锅烧后，以马思哥油、牛奶子、茶芽同炒而成”。

那么马思哥油又是什么呢？“取净牛奶子，用打油木器不停捶打，取浮凝者为马思哥油。”对牛奶不停地搅拌使其脱脂，然后取出脂肪进行加工，看来马思哥油其实就是我们今天的使用黄油的雏形。

这样来看，元朝时风行一时的炒茶就是茶加奶，然后再加黄油，看起来是不是和我们今天的奶茶颇有异曲同工之妙呢？

宋朝时，中国人喝茶的方式是对茶叶进行冲煮，到了元朝为什么就风行起了奶茶来呢？其实这与元朝特殊的饮食结构有关系。

元朝的统治者是来自北方草原的蒙古族，在饮食中有大量的乳酪和肉类，所以在饮茶时便根据自己的口味对茶进行了改造，逐渐形成了奶茶。当蒙古统治者开始统治中原地区时，这种饮茶习惯便传至民间，和中原地区原有的饮茶习惯相互影响。

元朝时人们的饮茶习惯，除了有来自蒙古贵族阶层的奶茶之外，还有吸收了宋代贵族阶层抹茶法的元抹茶，对茶进行特殊加料的花果茶等，这些和中原地区原有的煮茶相结合，形成了极为丰富的元朝茶文化。

元朝的“网红奶茶”有玉磨茶、枸杞茶、燕尾茶、香茶、藤茶、兰膏茶、西番茶等数十种之多。

其中玉磨茶的制作方法是用上等紫笋与苏门炒米各五十斤，

《太平风会图》（局部）

筛净后一同搅拌，待混在一起之后，放入玉磨中研磨，最后成茶。

枸杞茶的制作方法是取枸杞五斗，水淘洗净，去除上面的浮沫，然后焙干，再用白布包裹烘干，去蒂萼、黑色，选拣其中最红最熟的，先用雀舌茶展溲碾子，剔除掉茶芽，然后把枸杞碾为细末。

燕尾茶是产自江浙和江西的一种特殊茶芽。制作时取这种茶芽的中品进行加工，因为此茶“一芽带两叶，号一枪两旗，形似燕尾”，所以得名燕尾茶。

香茶的制作方法是用一袋白茶与三钱龙脑、半钱百药煎、二钱麝香共同研磨成粉制成。

元朝人对茶的讲究，体现在他们对于每一种“网红奶茶”都研究出了各自的喝法。例如，香茶要和香粳米一起熬成粥饮用；枸杞茶要空腹饮用，饮用时加入酥油搅拌均匀，然后再用温酒调茶。

元朝茶文化另一个有趣的现象是当时就已经有了品牌意识。《饮膳正要》中“出场”的名茶就有“范殿帅茶”“金字茶”“女须茶”等。

元代丰富多彩的奶茶伴侣

除了各种“网红奶茶”，元朝还在吸收中原原有茶食的基础上，结合草原民族的饮食结构，形成了别具一格的食用茶点。这些蒙古点心不仅受到统治阶层的欢迎，而且还流传广远，在汉族和其他民族的平民阶层中也深受喜爱。

独特的饮茶方式，使得元朝的茶文化异常繁荣。在元朝人的生活中，无论是迎来送往、婚丧嫁娶，还是文人聚会、节日探亲，都少不了茶的身影，亲友之间互相馈赠茶品更是成为元朝时一种生活礼节。

元代人热衷饮茶，而在饮茶时还经常要食用一些饭食、瓜果等，这些具有元朝标识性的生活场景至今我们仍然能够在诗句中找到。

例如，大诗人元好问在《野谷道中有怀昭禅师》中写道："广汤翻豆饼银丝滑，油点茶心雪蕊香。"

广周权在《访友》中写道："从容饭雕胡，屡沦粟粒茶。"

在元曲大家马致远的杂剧《吕洞宾三醉岳阳楼》中，我们也能看到这样生活化的场景：

茶店老板郭马儿："师父，要吃个甚茶？"

吕洞宾："我吃个杏汤。"

郭马儿："这师父倒会吃，头一盏吃了木瓜，第二盏吃了酥签，第三盏吃个杏汤，再着上些干粮，倒饱了半日。"

作为一个多民族融合的朝代，元朝虽然为草原民族所统治，但依然在某种程度上传承了中原民族的中华文化，并进一步丰富了中华文化，饮茶就是其中一个非常有趣的缩影。

涮羊肉，冰激凌，
都是元朝人的发明

哈根达斯，这样一款在国外无比平常的冰激凌，到了中国居然成为网红轻奢小食。但很多人不知道的是，中国元朝人发明创造了冰激凌，就连冰激凌翘楚大师意大利可能也是偷师于元朝人。这个偷师者就是大名鼎鼎的马可·波罗。

成吉思汗部队外征期间发明了涮羊肉

喜好美食的人一定会想到老北京涮羊肉，这个在清朝时就已经逐渐传播到整个北方的美食确实颇有特色。但其实在清朝以前，涮羊肉这种美食就已经出现了，来到中国的马可·波罗就曾品尝过这种美味，而也就是在这个时期，马可·波罗接触到了中国冰激凌。

把羊肉拿来涮着吃，最早是蒙古族人成吉思汗部队的发明。

八百多年前，一支东方骑兵部队正势如破竹地席卷整个欧罗巴大陆，在他们眼里，只要他们的铁蹄和弯刀能够触及的地方都是他们的领地。这支部队的最高统治者名叫铁木真，他的臣民们更习惯称他为成吉思汗，他所率领的这支部队就是日后被欧洲人称为“上帝之鞭”的蒙古骑兵。

在欧洲攻城略地的蒙古骑兵虽然身强力壮，但在频繁作战之后也遇到了一个很大的问题，就是在进攻时体力消耗很大，所以需要大量的肉类来补充体力。而在寒冷的欧洲，羊肉是最好的选择，不但可以充饥，还有一定的御寒作用。

但蒙古骑兵们面临着一个问题，那就是煮肉时间过长，会严重影响部队的推进速度，如何快速把肉弄熟，成为当时一个让人头痛的问题。当士兵们正被这一问题困扰时，一位杰出的蒙古将领提出一个很好的解决办法，他要求骑兵们把所有的羊肉都切成薄片，然后放到翻滚着开水的锅中，等到羊肉变色后，就可以捞出，蘸盐吃下，这样不仅节省了煮肉的时间，还能满足士兵们补充体力的需要，困扰大家的问题就这样被解决了。

就这样，羊肉涮着吃逐渐成了蒙古骑兵行军过程中最常使用的一种食肉方法，只不过这时候还没有人给这种吃法起名字。

在忽必烈继位以后，一次行军过程中，由于出发匆忙，忽必烈的厨子忘了携带主食，慌忙中的厨子急中生智想起了这种吃法，便将涮好的羊肉送到忽必烈面前。吃到涮羊肉后，忽必烈觉得十分美味，再加上在此后的大战中获得胜利，高兴的忽必烈亲自给这种吃法定了名字——“涮羊肉”。

回到宫廷之后，忽必烈对涮羊肉进行了多次的改良，这才使其逐渐有了现在的模样。后来，厨子们再给忽必烈做涮羊肉时，会专门挑选羊腿部位的肉切成薄条，下到滚水中肉一变色便即刻

元　刘贯道　《元世祖出猎图》（局部）

捞出，碗中则放着芝麻酱、豆腐乳、葱花、姜末、韭菜花、蒜末多种佐料，可以根据自己的喜好来调配。后来，忽必烈还经常用涮羊肉来招待麾下重要将领和蒙古贵族，这些酷爱羊肉的蒙古族人吃完也是赞不绝口。

据《马可·波罗游记》记载，马可·波罗在中国时，蒙古皇帝在元大都曾请他吃过蒙古火锅，这种蒙古火锅的一道特色菜品便是涮羊肉。即使到了现在，韩国和日本一些地区依然将吃火锅称为“忽必烈”，这也足以证明元朝对当时邻国或藩属国的影响。

忽必烈征战期间发明了冰激凌

除了改良了涮羊肉，忽必烈在枯燥的行军过程中还发明了冰激凌。夏天行军让人心烦气躁，忽必烈命人把冰块和牛奶放在一起，然后再放入一些蜜饯、水果等辅料，这种饮料喝下去之后，不但神清气爽，而且味道也很甜美。

后来不再四处征战的忽必烈把这种喝法留在了元大都，并将其取名奶冰。马可·波罗在品尝到这一美味后，将忽必烈的这个方法带回到欧洲，即现在冰激凌的雏形。

从这里也可以看出，不管是奶冰还是涮羊肉，都是蒙古族人在战争中研发出来的食物，也是蒙古黄金家族辉煌史中，给这个世界留下的回忆与文化传承。在中国古代几千年的历史中，蒙古人的元帝国虽然只有不足100年，但是蒙古黄金家族创下的辉煌历史会让后世人们永远记住。

元朝皇帝不识货，
胡萝卜当人参

如果你“回”到元朝皇宫，说不定能看到这样的场景：几个太监小心翼翼地端着一些蔬菜到厨房，看形状像是人参。你走上前一看，“呦，这不就是胡萝卜嘛！”

几个太监立刻嫌弃地看着你，然后说道：“什么胡萝卜！这可是——宫廷……胡萝卜！”

胡萝卜，一看它被冠以“胡”姓，就知道此物肯定不是中原作物。不错，胡萝卜的原产地在亚洲西南部，它的祖先是阿富汗紫色胡萝卜。

非常注重饮食养生的元朝人：《饮膳正要》

李时珍在《本草纲目·菜部》第二十六卷中记载，“元时始自胡地来，气味微似萝卜，故名”。是的，胡萝卜在元代已经出现了，可是，这种蔬菜在元朝末年才引进来，普通老百姓是很难吃到的。即便在皇宫，胡萝卜的供应也是相当有限，所以，它在元朝可是当之无愧的珍馐美食。

如今，不少人对元朝的印象还停留在“逐水草而迁徙”上。他们认为，元朝皇宫就是个大蒙古包，其余的老百姓必须要不停游走和奔波才能生活；既然要不停地迁徙，那他们的食物肯定只有牛、羊和奶制品，几乎是吃不到蔬菜的。

其实，这种想法是对元朝人，尤其是对元朝统治方式的刻板印象。元朝的皇帝是非常注重饮食文化的。当时，有一位叫忽思慧的饮膳太医，根据当时的实况编著了一部《饮膳正要》。元朝皇帝看后非常赞赏，并下令将《饮膳正要》推广到民间。

这本《饮膳正要》分三卷，分别讲述了饮食禁忌、食疗及米、兽、禽、鱼、菜、果、调料等各类食材。在这三卷中，忽思慧侧重阐述了各类药膳和食疗的做法，是一本很有价值的古代食谱。

从这本《饮膳正要》看，元朝不管是统治者还是老百姓，都很注重饮食的合理搭配。蒙古族以畜牧业为主，喜食兽肉和禽肉。在元代皇宫，羊肉是占比最大的食材，比如最负盛名的全羊席，就是元朝宫廷在招待尊贵客人时的传统筵席。宫里的厨子们会想方设法烹饪羊肉，让王族与客人们吃得满意。

蒙古族发展的摇篮在漠北草原，早在汉朝时期，“昭君出塞”便为草原带去了众多汉朝美食，这些食材极大地丰富了草原人民的餐桌。成吉思汗及其子孙东征西讨时，又吸纳了各地的烹饪手段，让蒙餐获得了进一步发展。

到了元朝时期，聪明的元代厨师追溯吸收了大量唐宋时期的美食妙方，并结合元代特有的烹饪食材与技术，将蒙餐发展到前所未有的高度。

各种各样的胡萝卜美食：老少皆宜

在众多蔬菜中，胡萝卜非常适合与肉类一同炖煮，尤其适合和羊肉一同炖煮。元朝御厨有一道菜，先将胡萝卜整根煮熟，然后切块与羊肉一同炖煮。煮好后，羊肉带了一丝胡萝卜的香甜味道，胡萝卜也充满汁水，令人食欲大动。

忽思慧在《饮膳正要》中也有关于胡萝卜的记载，证明胡萝卜"味甘，平，无毒。主下气，调利肠胃"。对于食肉较多的元朝人来说，胡萝卜是相当合适的美食了。

《饮膳正要》中有一道名叫"珍珠粉"的菜肴，是用胡萝卜和各类肉料理做的："羊肉（一脚子，卸成事件），草果（五个），回回豆子（半升，捣碎，去皮）上件，同熬成汤，滤净，羊肉切乞马，心、肝、肚、肺各一具，生姜二两，糟姜四两，瓜齑一两，胡萝卜十个，山药一斤，乳饼一个，鸡子十个，作煎饼，各切，次用麻泥一斤，同炒，葱、盐、醋调和。"这款珍珠粉可以补中益气，也是元朝宫廷美食中不可或缺的美味之一。

元代有种调和脾胃的汤，叫作沙乞某儿汤。它是用羊肉、草果、回回豆熬煮的肉汤。元代御厨将它进行了改良，让它与老百姓的沙乞某儿汤区分开了。御厨改良的方式，就是在沙乞某儿汤中加入胡萝卜和粳米炖煮，让沙乞某儿汤以一种菜肉粥的形式出现在餐桌上。改良后的沙乞某儿汤，味道更加香醇鲜美，营养也更加均衡。

还有一种肉饼，在制作时，需要将十斤去脂膜、去筋的精羊

元　忽思慧著《饮膳正要》书影

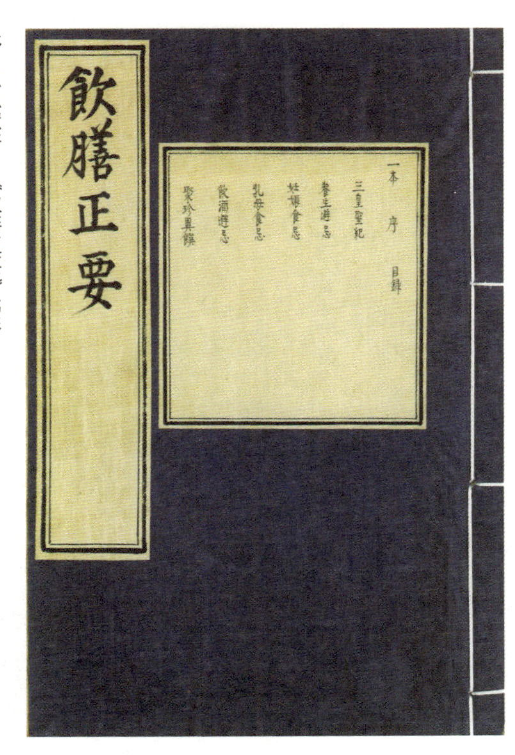

肉锤成肉泥，再用哈昔泥三钱、胡椒二两、荜茇一两、芫荽末一两进行调和，最后再加入盐和胡萝卜揉成菜肉馅儿，放进面饼中用油炸熟。这种肉饼味道极香，且饱腹感很强。时至今日，一部分北方人和回族人依旧爱吃这种肉饼。

当然，胡萝卜也可以生吃。不过，大部分时候，它还是作为一种珍贵的辅助食材与肉类一同料理的。

《老乞大》：
“外国人”眼中的元代饮食文化

“走啊，去元大都溜达溜达？”

“等等，先买本《老乞大》再说！”

若你走在元末时期的朝鲜或高丽，那一定会听到这样的对话。

《老乞大》，一个听上去颇为奇怪的名字。很多人对《老乞大》的第一印象不是书名，而是某人的绰号——事实上，产生“老乞大”是某人绰号的错觉也是对的，因为这本书是元末明初时，以北京话为标准，专教高丽、朝鲜人汉语的教科书。“老乞大”是音译，其意为“老汉人”“老中国”，引申下来就是“中国通”的意思。

亚洲食学论坛主席赵荣光先生，在其《中国饮食文化史》中载道，“‘饮食文化史’或‘饮食史’可以作这样简捷与原则性把握：某一时空条件下人们食事活动过程的历史再现。”而《老乞大》，就可以看作元朝民间饮食文化的再现。

《老乞大》全书采用了会话形式，讲述了几个高丽商人在中

大茶饭仪图

国经商途中，偶遇一中国商人后结伴同行的故事。这本书涉及了高丽、朝鲜人在元朝饮宴、旅行、交易、契约等各个方面的故事，其中，记载得最为详细传神的当属元朝的饮食文化。

一个朝代的饮食文化，说到底无非是关于一个民族在当时的条件下吃什么、怎么吃、吃完后会怎样等的学问。自古以来，中国便有“民以食为天”的说法。春秋战国时期，儒家便提出了人民的食物关系着国家稳定的说法，元朝也不例外。

这本《老乞大》中所涉及的饮食，包含了主食、肉类、蔬果和酒品四个方面，我们可以借助这本书一窥元朝的民间饮食文化。

主食

元朝主食与现代主食差不多，都是指米饭、馒头之类的吃食。不过，《老乞大》却记载了元朝人与高丽人不同的主食习惯。

［高］俺高丽人不惯吃湿面，咱每则吃干物事如何了。

［汉］那般者，咱每买些烧饼，爨（cuàn）些肉，吃了过去。

这段话表明了元朝已有许多如烧饼、蒸饼类的面食，也表明了高丽人不爱吃湿面类的“湿物事”，他们更爱吃没有水分的“干物事”。

其实，汉人自古便喜吃“湿物事”。在配主食的时候，大部分人都会选择加碗汤。比如《老乞大》中记载的“头一道细粉，第二道鱼汤，第三道鸡儿汤，第四道三下锅，第五道乾按酒，第六道灌肺蒸饼，第七道粉羹馒头”，就说明了汤在元朝人饮食中的重要地位。

肉类

元朝，肉类不再是统治阶层的专属食物，即便是寻常百姓也可将肉食端上餐桌。

在《老乞大》中，有一处详细介绍了元朝的“汉儿茶饭”。

你买下饭去时，这间壁肉上买猪肉去，是今日杀来的好猪肉，多少钱一斤，一两半一斤。恁主人家一就与俺买去，买着一斤肉者，休要底似肥的带肋条肉，买者，大片切着，将来爨者。

［高］俺是高丽人，都不会炒肉。

［汉］有甚么难处了。刷了锅者，烧得热时，著上半盏清油，将油熟过，下上肉，著些盐，著箸子搅动。炒得半熟时，调上些酱水、生葱、料物打拌了。锅子上盖覆了，休着出气。烧动火，暂霎儿，熟也。这肉熟也，恁试尝咸淡如何，我试尝，微微的有些淡，著上些盐者。

这两段话是关于买肉做菜的过程。我们可以发现，元朝老百姓买肉的过程，其实与现代人并无区别。从做菜的步骤看，我们也能看出这道菜就是红烧肉的烹饪步骤。而且，从高丽人的话中，能发现当时的高丽人是不吃或者说不常吃炒肉的。与喜爱“油炒”的元朝人相比，高丽人更喜欢吃那些以“煮、炖、腌”为主加工的食物。

除了以上记载外，《老乞大》还有大量关于羊肉的记载。这说明元朝人经常食用羊肉，也喜爱食用羊肉。比如“先吃些个醒酒汤，或是些点心，然后打饼熬羊肉或著羊腰节子吃了时，吃着酪解粥”，就说明元朝人吃羊肉比吃猪肉更普遍。

果蔬

其实，喜爱肉食的蒙古族人被多元化的汉人饮食文化渗透，对果蔬的需求也进一步扩大。《老乞大》详细记载了各种水果蔬菜，也正面反映了元朝人饮食的丰富程度。

> 咱们点看这果子菜蔬，整齐么不整齐，这藕菜，黄瓜，茄子，生葱，薤，蒜，萝卜，冬瓜，葫芦，芥子，蔓菁，赤根，海带，这果子，枣儿，干柿，核桃，干葡萄，龙眼，荔枝，杏子，西瓜，甜瓜，柑子，石榴，梨儿，李子，松子，砂糖，蜜栗子。

这些水果蔬菜中，有不少是外来产物。比如西瓜、葡萄等。除了用作辅料外，这些水果蔬菜也可以直接食用。除了上述记载外，《老乞大》中还反复出现了一个词，叫作“盐瓜儿”。盐瓜儿其实就是咸菜、酱菜，这说明元代时期，能长期保存的腌制食物也受到了人们的喜爱。

酒

中国是世界上最早开始酿酒的国家之一，尤其是在元朝，元人广泛吸收异域饮食文化，这也促进了我国酿酒业的发展。

随着工艺技术的发展，元朝酒类品种形成了鲜明的地域特色：中原地区的粮食酒，北方草原的马奶酒，西域及中亚地区的葡萄酒。除这三大酒品外，元朝还囊括了现代酒品种的四大类，即果酒、黄酒、白酒、配置酒。这些在《老乞大》中也有记载。

有些干渴，前头不远处有个草店儿，到那里咱每吃几盏酒解渴。

从此记载来看，不难发现元朝人对酒的喜爱。在当时，酒主要是作解渴、解馋用。

元朝统治时间虽然不长，但这一时期却是中外饮食文化交流的重要年代。可以说，元朝在中国饮食史上起了承上启下的作用，也形成了独特的饮食文化特色。

元朝地域辽阔，多民族的饮食文化彼此碰撞交流。《老乞大》中涉及的饮食，有相当一部分属于外来产物。从《老乞大》中，我们也不难看出元朝人的饮食文化生活是相当丰富的，而这本书，也对我国甚至是世界饮食做出了杰出的贡献。

草原民族都海量?

那是因为度数低

如果你有幸“回到”元朝，热情的元朝人一定会请你喝两杯。

看着元朝人盛酒的大碗，你心里却免不了打怵，“这么大碗，喝下去不得醉晕过去？”可是，面对元朝人的热情，你还是选择接过大碗。

一咬牙，一闭眼，这酒便“咕咚咕咚”地下了肚。咦，这酒

元　任仁发　《五王醉归图》(局部)

怎么像饮料一样？不但不辣喉咙，反而还有一丝甜甜的味道？

看着意犹未尽的你，旁边元朝人一挑大拇指：“兄弟海量啊，小二，再取两三盏酒来！”

读唐诗时，我们都会有这样的疑问：诗仙李白真是海量，他喝下一斗酒后，竟然还能作百篇诗？其实，别看李白作诗作得好，可他却不一定是“海量”。因为唐朝时期的酒连10度都达不到，李白喝上一斗也只能算是微醺。如果换成现在的烧酒，估计李白只喝半斗就得睡上一天，那“李白斗酒诗百篇”的佳句也就无从流传了。

当然，李白也喝不到烧酒，根据李时珍在《本草纲目》的记载：“烧酒非古法也，自元始创之。”也就是说，李白要想喝到烧酒，那至少得“穿越”到元朝。不过，元朝蒸馏技术虽然已经广泛应用，但这时的酒精度也只有20~40度，且元朝人喝的酒，大部分还是10度左右的果酒、黄酒等。

元朝的饮酒群体是相当庞大的，不管是达官贵胄还是平民百姓，不管是文人骚客还是贩夫走卒，都喜欢饮酒。这种喜好饮酒的风气，也促成了元朝人独特的酒文化。

由于元朝社会民族关系复杂，不同阶级、不同阶层的饮酒习惯也不尽相同。

宫廷酒文化：“奢”

若说哪些元朝人尚饮风习最盛，那答案一定是宫廷。元朝的统治阶层大多都好饮酒。元朝皇帝大多嗜酒成癖，加上元朝宫廷的宴飨、祭祀、赏赉等活动都离不开酒，所以元朝统治阶层的酒文化开始奢侈起来。

不仅饮酒礼仪繁缛冗多，饮酒的器皿也精致贵重。

元朝初年，蒙古贵族多用皮囊和罐子装酒。忽必烈的长兄蒙哥汗觉得大帐外摆放这么多皮囊、罐子很不雅观，于是让巴黎的工匠设计了储藏酒的大容器。

这盏容器从外观上看像一棵银树，树的根部是四只银狮子。每个狮子嘴里都含着一根管子。管子一头是大帐，另一头是帐外专门储藏酒的房间。这四根管子分别能流淌出葡萄酒、米酒、蜜酒和黑马乳。树顶上有一个手持喇叭的天使，如果饮料要喝光了，天使就会吹响喇叭。那么，树底下的人就会将饮料倒入管内，继续供帐内的人使用。

关于元朝统治阶层的酒文化之“奢”，可以从马可·波罗描绘过的一个“精金酒瓮”中一窥端倪：

> 大汗所坐殿内，有一处置一精金大瓮，内足容酒一桶。大瓮之四角，各列一小瓮，满盛精贵之香料。注大瓮之酒于小瓮，然后用精金大杓取酒。其杓之大，盛酒足供十人之饮。取酒后，以此大杓连同带柄之金盏二，置于两人间，使各人得用盏于杓中取酒，妇女取酒之法亦同。应知此种杓盏价值甚巨，大汗所藏杓盏及其他金银器皿数量之多，非亲见者未能信也。

到了元朝中期，宫廷中饮酒风气更加奢侈。正如元代诗人张昱诗中所写："黄金酒海赢千石，龙杓梯声给大筵。殿上千官多取醉，君臣胥乐太平年。"元朝宫廷不仅有各地上贡的名酒，还有外国进贡的酒品，实在是奢华壮观。

文人士大夫酒文化："雅"

元朝统治者对文化相当重视，创办了24400所官学。这个数字意味着在元朝平均每2600人就能拥有一所学校。

文人多了，琴棋书画诗酒茶的事也就多了。

同其他几个朝代一样，元朝的文人也将修身养性当作安身立命的必要品质。可是，元朝有才华的文人那么多，免不了其中有人得意，有人失意，有人入世，有人归隐。但不管是哪种情况，文人们都离不开酒。在情绪高涨时，或画船载酒，或对酒当歌，或月下独酌，或借酒浇愁。元朝文人少不得酒，若少了，便失去了文人的精神气韵。

与统治阶层的奢华相比，文人士大夫阶层的酒文化胜在

"雅"。元代著名戏曲作家关汉卿就极爱饮酒，几杯佳酿下肚，文人肚子里的"墨水"与"文兴"就被勾了出来。关汉卿曾描绘道，"适意行，安心坐，渴时饮，饥时餐，醉时歌，醒来时，就向莎茵卧。日月长，天地阔，闲快活！旧酒没，新醅泼，老瓦盆边笑呵呵，共山僧野叟闲吟和。他出一对鸡，我出一个鹅，闲快活。"可见元代文人士大夫阶层酒文化的雅，雅在自得其乐。

老百姓酒文化："淳"

元代民间酿酒、饮酒之风大盛，不管是一日三餐还是婚丧嫁娶，酒都是老百姓不可或缺的消费品。

田家用粮食酿酒，农家用果子酿酒，渔家用鱼换酒，酒家当垆卖酒。酒香充斥了市井，也勾画出一幅质朴温厚的田园风情。

当时，不少家庭都能掌握简单的酿酒技术，有时酿出好酒，不但可以满足自家的消费，还可以馈赠亲友品尝。有些妇女还会将酿好的酒拿到集市出售，以此补贴家用。可见元朝时期，老百姓对酒的喜爱之深。

老百姓饮酒没有那么多讲究，粗糙的酒器，浑浊的酒水，结束了一天的忙碌后，农人们三五成群，说说八卦。虽无管弦之乐，但纯朴的酒文化足以抚慰老百姓操劳一天的心情。

寺观人士酒文化："逸"

僧人的世俗化是元朝佛教的一大特色。在元朝，僧侣是可以娶妻，也可以喝酒的。酒业一向是寺院经济的支柱产业，庞大的僧侣群体也是寺院酒文化的依托。不少寺庙都有规模相当大的酒坊或糟房，大型的酒坊或糟房也成了寺庙酒品生产与销售的依托。

在僧侣们眼中，酒既能做药引，又能舒络活血，还能在宴会上做“开缘”，所以喝酒本身并不犯律。但是僧侣饮酒不可饮醉，否则就容易犯律，从而受到处罚。

既然饮酒不犯戒律，那僧人们便可享受饮酒的欢愉了。与普通人不同，寺观人士的酒文化颇为爽逸，因寺庙大多在山间，所以寺观酒给人的感觉更加甘甜凛冽。元朝僧人一边饮酒，一边笑看青翠山色，聆听钟鼓之音，可不是安逸闲适，悠然自得？

“奢”“雅”“淳”“逸”呈现出元朝社会的多元化与兼容性，这几点也糅合成元代独特的酒文化。如果你来到元朝，想喝点什么酒？

葡萄酒硬通货，立大功才赏两壶

现代生活中，我们几乎在所有的超市都能看到葡萄酒的身影，因此品尝葡萄酒对于现代人说是一件轻而易举的事情。不过，葡萄和葡萄酒并不是我国原有的产物，它们都是从国外进口而来的。

葡萄酒千年前已传到中国

早在一千多年前的汉朝，葡萄酒就已经出现了。司马迁在《史记》中曾记载，“（大宛）左右以蒲陶（即葡萄）为酒，富人藏酒至十万石，久者数十岁不败”。可见，早在汉朝，人们就已经开始种植葡萄、酿制葡萄酒了。

到了元朝，葡萄酒在达官显贵中已经成为常见的饮品。据悉，成吉思汗建国后，中亚畏兀儿首领亦都护主动归附。畏兀儿就是现在新疆维吾尔族的祖先，当时他们生活的哈剌和州就是现在的吐鲁番地区，他们生活的别失八里就是现在的新疆吉木萨尔地区。这两个地区都盛产葡萄，这样说来，元朝人能够喝到葡萄酒也就不足为奇了。

另外，河中（阿姆河和锡尔河之间，今属乌兹别克斯坦）等地也是葡萄的产地之一。蒙古征服中亚大片地区后，随从西征的耶律楚材在河中等地经常都能喝到葡萄酒。如“花开杷榄芙渠淡，酒泛葡萄琥珀浓”“葡萄架底葡萄酒，杷榄花前把榄仁”“寂寞河中府，连甍及万家。葡萄亲酿酒，杷榄看开花”等诗句都是葡萄酒在元朝的证明。

当时的元朝宫廷中已经有来自中亚的葡萄酒，史料中很多人都品尝过宫廷的酒。如欧洲传教士鲁不鲁乞游历中国时，就曾经在蒙哥汗的宫廷中看到过葡萄酒；定宗元年（1246），葡萄牙人加宾尼出使蒙古时，曾在定宗贵由的金帐中喝过葡萄酒；南宋使臣前往大草原时，也曾记述，“又两次金帐中送葡萄酒，盛以玻璃瓶，一瓶可得十余小盏，其色如南方柿漆，味甚甜。闻多饮亦醉，但无缘多饮耳。回回国贡来”。

葡萄酒的盛行

不过，那时虽然有葡萄酒，但是在中原地区还不常见。直到忽必烈率大军入主中原，在北京建立大都后，葡萄酒才慢慢在中原盛行。据《元典章》所载：“大都酒使司于葡萄酒三十分取一，至元十年抽分酒户，白英十分取一。”由此可以看出，那时的北京已经开始大量生产葡萄酒了。

当时的元朝宫廷主要用酒就是葡萄酒和马奶酒。忽必烈款待贵宾，嘉奖功臣等活动时，都会用葡萄酒招待相关人等。

南宋　陈居中（款）　《胡人饮酒图》　镜心

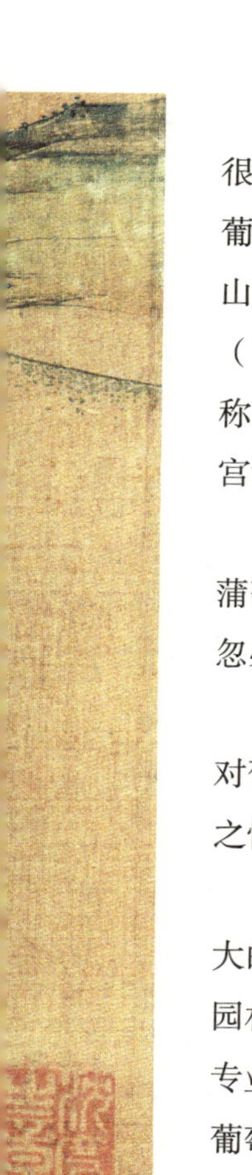

如南宋小皇帝到大都时，忽必烈就用葡萄酒款待小皇帝。很多古诗都曾描述过上都大宴会的场景：“第四排宴在广寒，葡萄酒酽色如丹。”（汪元量《湖州歌九十八首》，《增订湖山类稿》卷二）；“诸王舞蹈千官贺，高捧蒲萄寿两宫。”（萨都剌《上京杂咏》，《雁门集》卷六）；“诸王驸马咸称寿，满酌葡萄饮玉钟。”（朱有《元宫词》，《辽金元宫词》）。

至元十一年（1274），塔出攻打宋朝有功，忽必烈便“赐蒲萄酒二壶”给塔出。左丞相史天泽在攻打宋朝的途中生病，忽必烈也曾“遣侍臣赐以葡萄酒”。

正是由于忽必烈屡屡用葡萄酒招待客人，赏赐大臣，宫廷对葡萄酒的需求不断增大。而一旦需求变大，葡萄产业必定随之快速发展。

史料曾记载，元朝初期，我国内地的葡萄产业已经有了很大的发展，种植范围也不断增加。大都的家园囿、江苏的私家园林、镇江路、内蒙古宣宁等地不仅都种植着葡萄，而且还有专业户专门负责种植葡萄。更甚之，在平阳、宣宁等地，种植葡萄已经成为当地百姓的重要产业。

再后来，葡萄酒逐渐在民间流传起来，并开始在民间公开发售。《元典章》曾记载，大都地区“自戊午年（1258）至至元五年（1268），每葡萄酒一十斤数勾抽分一斤”；“乃至六年、七年，定立课额，葡萄酒浆止是三十分取一。”

葡萄酒走进千家万户之后，元朝家家户户都把葡萄酒当作设宴聚会、迎宾馈礼以及日常品饮中不可或缺的饮品。

如元代诗人王冕有诗句："十里长亭正花柳，绿波翻动蒲萄酒。玉笙吹切蓬莱云，西去青山如马走。"程端礼《代诸生寿王岂岩》诗云："千觥酒馨葡萄绿，万朵灯敷菡萏红。"萨都拉《伤思曲哀燕将军》诗云："宫棉袍，毡帐高，将军夜酌凉葡萄。葡萄力重醉不醒，美人犹在珊瑚枕。"这些诗句无一不体现着元人喜饮葡萄酒的情景。

直到现在，很多人都喜欢在宴会、家庭聚会、朋友约会等各种场合饮用葡萄酒。看来，葡萄酒无论是对古人还是现代人，都有着巨大的吸引力。

老人食，元代饮食很“养生”

医药医书方面体现的“敬老”

在北方游牧民族眼中，老人对家庭的作用很小，所以他们经常轻贱老人。但自从成吉思汗统一蒙古草原之后，蒙古族人对老人的态度大有改观。成吉思汗曾经说过，大凡国家，兄弟之间不能和睦相处，夫妻之间有隔阂，人们不能尊老爱幼，这样的国家必定有灭亡的风险。因此成吉思汗制定了“尊重长者”的法律，蒙古族人从此开始养成敬老爱幼的习惯。

忽必烈即位后，他继承了成吉思汗尊老爱幼的思想，并且在儒学的影响下，进一步推进了敬老之风。

在这种环境下，人们对老人的敬重之心非常强烈。而且体恤老人年迈，专门为老人创制了很多老年食品。

首先，从医药方面，名医逐渐重视老年人的健康问题，注重用食疗、食补的方法帮助老人保养身体，并研究出了很多健康的老年食品。

元 佚名 《同胞一气图》

如元朝著名名医邹铉十分崇拜宋代陈直的学说，他十分赞同陈直所说的“主身者神，养气者精，益精者气，资气者食，食者生民之本，活人之事也”。他主张老人应该吃温热熟软的食物，不宜吃黏硬生冷的食物，还有老人应该多餐少食，这样有助于脾胃消化。

他在陈直的基础上写出了《奉亲养老新书》，从食补和药补等方面介绍了老人在饮食上的保养之法。

其一，在食补方面，邹铉认为牛奶具有益气补血、生肌长志的功效，老人常食牛奶可以让身体变得更加润泽。此外，他还研发了一种叫作“磁石粥”的膳方，内有磁石、猪肾等；其中磁石可以抚平心慌、心悸，猪肾滋补脏腑，老人常食磁石粥对身体大有裨益。

其二，在药补方面，邹铉认为单补血药，则血不生；单用益气，则气不绵长。只有气血通补，才能让老人的身体更加强健。根据这一理论，他研出了“不老丸”这种妙方，并坚持服用，而且还会赠给身边的老年朋友。

还有名医朱丹溪建议治疗疾病首先要预防疾病，他针对老人脾胃虚弱、阴盛阳衰的特点，提出让老人多吃瓜果蔬菜、粗粮等食物预防疾病的观点。

再如名医忽思慧建议，老人要按照季节调理身体，不同季节要食用不同的食物。例如，老人在冬天的身体较弱，应该多吃羊肉、狗肉、鸡肉等滋补强壮的肉食。如果老人爱出虚汗，则要多吃鸭肉、藕、木耳等治疗体虚的补品。

日常饮食中体现的“敬老”

除了医药方面，在日常饮食中，老人也需要多吃一些比较助消化的食品。在这一点上，元朝人提倡的饮食习惯对老人十分有益。

众所周知，面食不仅容易消化，而且还有助于健胃养胃，十分适合脾胃虚弱的老人。另外，面食能够抵御饥饿，还有助于抗衰老，提高肌肤的新陈代谢。而元朝可谓是面食的鼎盛时期，仅仅以小麦磨成的面粉，加工出来的食品就被分为“湿面食品”“干面食品”以及烤、煎类食品等多种。

湿面食品是指将面粉制品放入沸水中煮熟的食品，比如面条、饺子、馄饨等。其中，饺子是湿面食品中的佼佼者。由于饺子形状特殊，元人将它称为“扁食”。元朝的饺子馅有荤素之分，做法和样式也多种多样。史料载，元朝有一种很有趣的习俗，人们在某些节日会吃很大的饺子，这种饺子大到有的人吃一半就吃不下了。

干面食品即指蒸熟的食品，如包子、馒头、烧卖、角八等。干面食品的种类非常多，单说馒头就有很多品种，如餕面馒头、碱面馒头等。其中，餕面馒头很像我们现在吃的包子，元人制作时通常会在里面放入羊肉、羊脂、陈皮、生姜等食材和调料。这让很多研究的人都有这样的疑惑：元朝的馒头到底是包子还是馒头呢？

煎烤面食就是用油煎炸或者用火烧烤制成的食品，如烧饼、煎饼等。元朝人比较喜欢吃烧饼，他们有专门介绍烧饼做法的书籍，书籍中详细说明了制作烧饼时水和面的比例，还有什么样的火候才能制作出最好吃脆软的烧饼。《饮膳正要》中还曾载，烧饼在元朝是一种非常流行的食品，无论是宫廷贵族还是贩夫走卒都喜欢吃烧饼。

除了普通面粉制成面食之外，元朝还喜欢吃有大豆、高粱、荞麦制作的粗粮，比如当时很多地方的人都喜欢吃荞麦面。由于吃粗粮不仅可以让人饱而有力，还可以预防多种疾病，所以元人尤其是平常农家冬天每天都要吃粗粮。从这些日常饮食尤其是主食来看，元朝人的饮食习惯是很体贴老人的。

总而言之，无论是从元人原本的饮食习惯上讲，还是从名医的各种食补和药补方子来讲，元朝都可以算上是一个适合颐养天年的时代。尤其是对于爱吃面食的北方人来说，元朝的饮食真的很“养”人！

第三章　住

元代北京
什么样?

北京，一个辉煌了800余年的都城。

自元朝始，这座城市就给国人带来了深刻的民族记忆。不过，元朝时这座城市的名称并非北京，而是“大都”。而且，元朝统治者并不是一开始就决定将首都定在这里的。

忽必烈定都经过

如果你当时也在忽必烈的蒙古大帐，肯定会听到如下的激烈讨论。

“大汗，咱把首都定在开封吧，开封是后周的都城，我们也算是遵循旧制，名正言顺啊！”

“大汗，首都还是定在洛阳吧，洛阳九朝古都，多气派啊！”

在文武群臣的激烈讨论中，有两个汉人的声音弱弱地传来：“……别呀大汗，您忘了宋朝被欺负成啥样了？这可是前车之鉴啊。”

坐在帐中央的忽必烈眼珠子一转：对呀，正所谓“前车之鉴，后事之师”，看来，蒙古人的首都还真不能放在开封或洛阳！

看到这儿，有些熟悉历史的读者会有点纳闷：为什么会出现这种场景呢？要知道，唐朝之后，西北边境已经不足以对中原的政权构成威胁了。何况，随着社会的发展，扼守关中一带并没有什么实际的作用。所以，宋朝才会将开封定为新的都城。

其实，开封、洛阳作为都城的确各有优势，但它们也都有个明显的弱点——这两处地处平原，没有天险，守卫只能依靠城墙。北宋时期，敌人长驱直下，连皇帝也被敌人捉到金国成了俘虏，这便是那两位汉人提到的“前车之鉴”。

这两位汉人分别是郭守敬和刘秉忠，二人经过了严密考察和衡量，发现中都附近有个非常不错的地方。这座城市是一个极具战略地位的城市，它位于东西交汇要塞，可压制全国，且有一条退路可回草原。可是，有一个致命问题摆在二人眼前。

1215年5月31日，蒙古军队攻陷了当年金朝的中都一带。这座北方重镇历经多年战乱，城内宫殿多处被毁。更重要的是，这座城市的供水来源——莲花河已经出现了水量不足的情况，根本无法满足城内居民的日常生活用水。经过一番思量，二人决定引玉泉山的水入城市，如此便解决了人们用水的问题。

时间到了1267年2月25日，元世祖忽必烈由元上都（今内蒙古自治区锡林郭勒盟正蓝旗多伦县西北闪电河畔）迁到金中都附近，并将这里定为元朝的首都。此时，元朝还尚未定下国号，但首都却被统治者率先确定了。

北京城的建设

不过，这座城市当时依旧很残破。就连忽必烈的居所，都是在城外的金朝离宫大宁宫内。为了让这里变成名副其实的都城，忽必烈下令，让中书省官员刘秉忠担任城市设计和修缮的总负责人。

刘秉忠的学问很渊博，他虽然是位僧侣，但却对道教儒学及阴阳学等都很感兴趣。刘秉忠仔细琢磨后，决定参照《周礼·考工记》中“九经九轨”“面朝后市”“左祖右社”来建设首都。负责设计新宫殿的是色目人也黑迭儿——值得一提的是，也黑迭儿还是位阿拉伯人。另一位汉人郭守敬则担任都水监。

经过一番设计，首都的轮廓大致构建完毕，只是鼓楼西大街一处有一条河名叫什刹海，让刘秉忠有些苦恼。原来，刘秉忠在规划首都时，将所有街道都设计成横平竖直，如棋盘般规整的格局。可是，什刹海碧波荡漾，却是斜斜地卧在了都城的北部。

是沿着什刹海的走势，开辟出一条斜街？还是不顾水流走势，硬将街道辟直呢？思索再三后，刘秉忠决定在什刹海北岸画下了一笔斜线，沿着河流走势建造了一条斜街。有水的地方总是差不了的，就这样，北京著名的斜街保留下来。自元代始，这条街便满是酒肆茶棚、商贾戏班云集，可谓热闹非凡。

1272年3月28日，忽必烈将首都正式命名为大都，当时的中亚西亚一带将此城称作“汗八里”。八里为突厥语，即皇城的意思。所以，“汗八里”又可称作“可汗之城”。

1274年2月9日，恰好是正月初一。大都宫阙告成，忽必烈在大都皇宫正殿——大明殿——举行朝会，接受了皇太子、诸王爷、文武百官以及各国使节的朝贺。

1285年，大内宫殿、宫城城墙、太子府、中书省、御史台、枢密院等官署皆已竣工，都城城墙、钟鼓楼、大护国仁王寺、金水河、大圣寿万安寺等重要建筑也建造完毕。

同年，元朝在中都发布了迁入新都的诏书——“诏旧城居民之迁京城者，以资高及居职者为先，仍定制以地八亩为一份，其地过八亩或力不能作室者，皆不得冒据，听民作室”。诏书发布后，四五十万居民从中都迁入大都。自此，元大都繁华起来。

很多人都好奇，元大都到底有多大呢？毕竟元朝是中国历史上版图最大的国家，那首

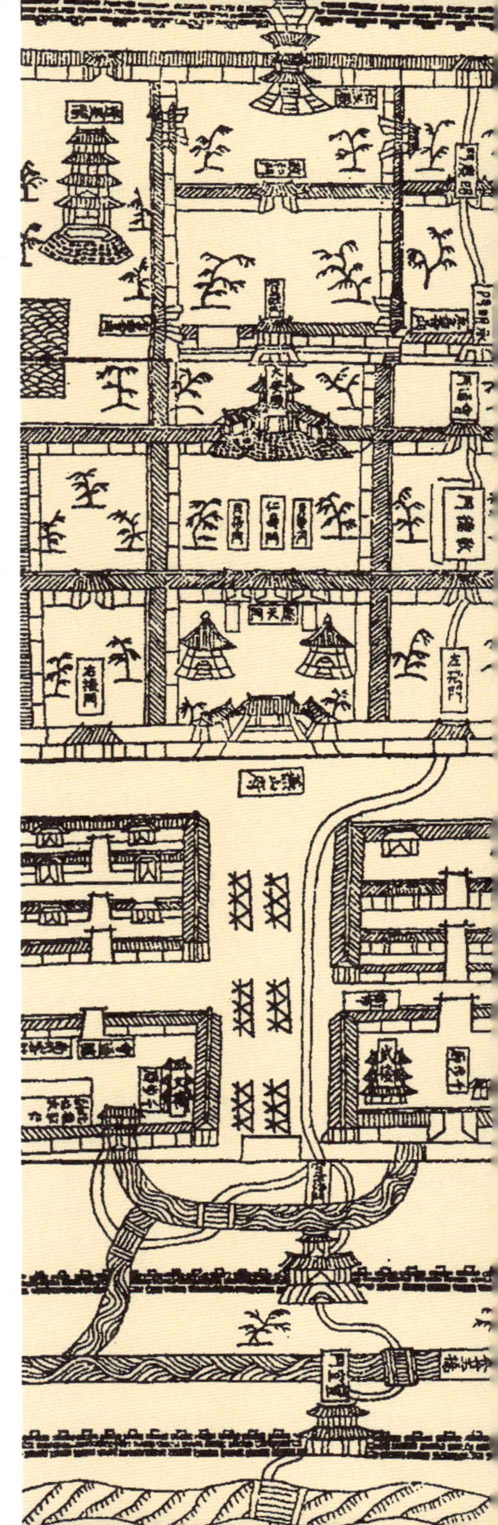

南宋《事林广记》中的金中都皇城图

都肯定是世界上数一数二的大都市。关于元大都的记载，大部分都是“京师乃天下之都会，人物繁辏”“京畿居民繁盛”“当倍秦汉而参隋唐也”。彼时，旅行家马可·波罗也盛赞元大都“世界诸城无能与比”。

元大都究竟住有多少人，能让游历多国的马可·波罗如此惊诧?

从《元史》及《大元仓库记》中，我们可以看出13世纪末的元朝大约有五十万人，而《庚申外史》则提到，14世纪中期，元大都人口约有百万。马可·波罗到元朝的时间为13时期中期，也就是说，他见到的元大都人口是在五十万到一百万之间的。

那个时代，欧洲各国几乎都没有大城市，而元朝一座城市里竟然有近百万人，这也难怪马可·波罗给出“世界诸城无能与比”的评价了。

完全想不到，元朝皇帝住“白宫”

阳光打在故宫墙壁上，红色的外墙便更加耀眼了。几只白色的鸽子从太和殿的重檐庑殿顶上飞起，白色、红色与金色交映出一幅极美的画卷。现在的故宫是明朝永乐皇帝修建的，红墙黄瓦、富丽堂皇、流光溢彩、美轮美奂。每当看到故宫，人们心中便不禁思量：近800年前元朝皇宫又该是何等景象，莫不是更加珠玉满堂、金碧辉煌？

崇尚白色的元皇宫

还真不是。如果时空穿梭重回元大都，那你一定会被外表简单、朴素大方的皇宫惊掉下巴。因为——元朝皇宫的城墙是白色的。

马可·波罗在游记中明确记载了元大都皇宫的城墙颜色是白色。仔细想想，我们会发现元大都皇宫为白色其实很正常，元朝统治阶层是蒙古族，而白色和蓝色又是蒙古族崇尚的颜色。

明 朱邦《王城图》

即便是今日，内蒙古地区的蒙古包也是以白色和蓝色为主基调。如今，北京的北海白塔和白塔寺都保留了元朝皇宫的风格，可见，元朝皇宫在当时的确是白墙蓝瓦，素雅大气的。

元大都的建筑格局

除却皇宫色调外，最让人感兴趣的便是它的造型了。

元大都皇城并不是以大内宫城轴线为基准，呈东西对称状的。蒙古族人的习俗是“逐水而居”，因此，元大都皇城是以太液池为中心，三座宫殿——大内、隆福宫、兴圣宫——围绕四周的。元大都皇宫在皇城南部，四周都筑有“萧墙”，其正门为棂星门，左右两侧皆有千步廊。萧墙的东外侧为漕运河道。

元朝宫城又称大内，其正门为崇天门，东门为东华门，北门为厚载门，西门为西华门。正门前有护城河，名唤金水河，金水河上有一周桥。经过专家推测，元宫金水河上的周桥便是今北京故宫内的断虹桥。

大内正殿名曰大明殿，是元朝皇帝们理政、居住的场所。大明殿面阔（用以度量建筑物平面宽度的单位）十一间，其与后殿有廊庑相连。延春阁在大明殿后方，是皇后的居所。

元朝皇宫建筑群沿袭了儒家的建都学说思想，所以北京城的全城中轴线是相当突出的：元朝皇宫的正门、皇城的正门、都城的正门都在中轴线上。此外，由于元朝统治者是蒙古族人，所以元朝的宫殿和园林也加入了游牧民族的文化特色。

最能表现元朝独特文化的宫殿当属大明殿。明清的皇宫正殿通常只有皇帝一人的御座。可大明殿却与两朝的乾清宫不同，它不但在正殿设置了皇帝与皇后两个人的并排座位，还在两侧给宗室王族与文武百官设置了座位。可见，在游牧民族的文化传统中，“男尊女卑”的思想没有那么严重，且皇帝也不会过于“自矜身份”，愿意在商讨国家大事时给臣子们一个落座的地方。

元大都的内部装饰

对元大都皇宫的内部装饰特点，元代文学家陶宗仪创作的《辍耕录》中给出了三段综合性的描写。

> 凡诸宫门，皆金铺、朱户、丹楹、藻绘、彤壁、琉璃瓦饰檐、脊。
>
> 凡诸宫殿乘舆所临御者，皆丹楹、朱琐窗、间金藻绘……屋之澹、脊皆饰琉璃瓦。
>
> 凡诸宫周庑并用丹楹、彤壁、藻绘、琉璃瓦饰檐脊。

这三段描述性语句都以“凡”作开头，凡即“所有”。也就是说，宫门、殿、周庑的檐脊都是由丹楹（涂抹柱子用的朱红色漆）、彤壁、琉璃瓦装饰而成的。但是，宫门和周庑有藻绘（彩画），殿间则用“间金藻绘”。在彩画上用金，可显殿间的高级，让大殿更加富丽堂皇。

元朝皇宫的大明殿、延春阁这两组宫殿，被元朝文人王士点在其《禁扁》中称作“大内前位”“大内后位”。前文已提到，大明殿、延春阁这两组宫殿是元朝皇宫最重要的宫殿，其间的装饰自然格外富丽堂皇。

先看大明殿的装饰。根据《辍耕录》记载，大明殿“青石花础，白玉石圆偏，文石甃地……丹楹金饰，龙绕其上。四面朱琐窗，藻井间金绘饰。燕石重陛，朱阑，涂金铜飞雕冒……”根据明代文人萧洵的《故宫遗录》，大明殿“前为殿陛，纳为三级，绕置龙凤白石阑，阑下每柱压以鳌头，虚出阑外，四绕于殿。殿楹四向皆方柱……饰以起花金龙云。楹下皆白石龙云……楹上分建仰为鹿顶斗拱，攒顶中盘黄金双龙。四面皆缘金红琐窗，间贴金铺”。

延春阁的装饰与大明殿基本相同，《故宫遗录》对《辍耕录》进行了补充，指明延春阁的地面是“洛州花版石瓷之”。大明殿与延春阁的室内装修，都使用了紫檀木等高贵木材，能工巧匠将镂空雕花的龙涎香和玉饰镶嵌其上，站在殿内的人便能嗅到缕缕暗香。

大明殿与延春阁的景致景观也很精妙，明代文人叶子奇在其著作《草木子》中提到，忽必烈想到大元创业之艰难，便下令将草原故居的青草种植在大明殿前方的地面上，还给这块草皮取了个名字，叫作誓俭草。《故宫遗录》也记载，延春阁的殿庭内都种植青松，这些松树的名字叫万年松。

1368年，明朝开国皇帝朱元璋派遣徐达、常遇春二位将军北征。明军骁勇善战，一路上势如破竹。1368年9月14日，明军攻破元大都的齐化门，大都也被明太祖朱元璋更名为北平。大将徐达按照朱元璋的旨意，一把火烧毁了元朝皇宫，并且严禁史书史料提及此事。不过，我们仍然能根据一些书籍史料还原元朝皇宫的面貌——那是一种别样的美：朴素而明艳，淡雅而炽烈。

黄金家族，
真的住“金屋”

大元帝国以成吉思汗子孙为皇室嫡系，这个家族有一个响亮的名字叫作“黄金家族”。作为黄金家族的主要成员，元朝皇帝对黄金的热爱是可以用“狂热”这个词来形容的。

按元代宫廷史料记载，仅皇帝的卫生用具就有金水瓶、金水盆、金净巾、金香球、金唾盂、金唾壶、金拂、金香合等十余种黄金器物，连痰盂都要用纯金打造，元朝皇帝的侈靡程度真的是让人瞠目结舌。

元初崇尚朴素节俭之风：创业不忘本

然而，在元朝刚刚建立的时候，整个帝国的风气却并不是这样的。

相传忽必烈汗厉行节俭，而且也以节俭来约束臣子。有一次，真金太子生病，忽必烈便去探病，在床榻之前，他看到真金太子在床上昏睡，身上覆盖着织金的被子，顿时龙颜不悦，脸拉得老长，对着儿媳妇伯蓝也切赤说：“我常以汝为贤，何以至此耶？”

看着皇帝公公如此不高兴，伯蓝也切赤回答说：“常时不曾敢用，今为太子病，恐有湿气，故用之。”说完之后，赶忙就把织金被子撤下去换了普通棉被。

提到元初厉行节俭，还有另外一个故事可以佐证。元初在建立皇城时，忽必烈特意派人从蒙古草原挖来一批莎草，将它们种植在主要宫殿的入口。富丽堂皇的宫殿外面，居然要种植杂草，很多大臣不禁大皱眉头。

然而，忽必烈这么做的目的是要后世子孙不要忘记当年成吉思汗创业之艰辛，为此，他还特意给这些莎草起了非常有教育意义的名字——誓简草，意思是发誓不要忘记质朴节俭的作风。

元中崇尚奢靡浪费之风：守业却已忘本

然而，等忽必烈刚一过世，到第二代成宗帖木儿时，简朴的风气就逐渐被奢靡之风所取代了，到了元朝中期，皇宫的起居用度更是无比奢靡。十余件黄金器物只是用作皇位的洗漱，那么在洗漱之外，皇帝的其他生活用度如何呢？

首先说皇帝的坐榻、床榻。元朝皇帝的御座只有两种材质——象牙和黄金。早期的御座是象牙材质的，搭配以金箔、玉石等装饰物，后期则干脆直接打造一个黄金的御座。而皇帝的卧榻则有白玉、紫檀、楠木、樟木等不同材质，在卧榻四周会有各种各样的配件和配饰，有些配件也具有实用性，例如可以遮光的屏风、可以装东西的盒子等。

元　钱选　《锦堂图》（局部）

卧榻之上是被褥。和元初用一块织金被子就被皇帝斥责不同，元朝中后期宫中已经遍布名贵的织金被，更有甚者干脆用金锦做被，也不知道那被子到底是用来盖还是用来炫耀的。元朝宫中的被子多以坐褥为主，这是蒙古时代保留下来的习惯，蒙古语称坐褥为“朵儿别真”，当时后妃床榻上几乎是人均一块。

蒙古族习俗君臣“坐而论道”，因而蒙古族贵族很少使用桌椅，但宫中不可能不备座椅，再加上文房四宝、印信、摆件等，元朝皇帝的书房器具还是相当齐全的。只是这些器物也一改汉人重艺术不重材质的习惯，几乎全部用黄金打造，不禁让人产生一种对“土豪”的厌恶感。

皇帝在宫中如此奢靡，出行则更讲排场。从元朝皇帝出行所用的羽扇来看，蒙古皇帝早已经把祖宗关于节俭的祖训忘得一干二净了。

皇帝伞盖共有大伞、朱伞、黄伞、紫方伞、华盖、曲盖、导盖、葆盖、孔雀盖等数十种之多，而且为了彰显皇帝的特殊身份，元朝皇帝还特意在伞盖上面覆盖一层金顶，称为“金浮图”，而要知道，所有前代的伞盖几乎都是平布顶的。

元朝皇帝还有一个特别的用具，那就是蜡烛。元朝廷曾经设置一个名为出蜡局提举司的机构，仅掌管皇室蜡烛的生产制作。元朝制作皇宫蜡烛往往要掺杂很多名贵的香料，而蜡烛的底座又几乎全是用白银制作，因此“银台”“银缸”也就成了元代诗人称呼皇宫专用蜡烛的代名词。

“银台烛烬香销鼎，因倚屏风脱舞衣”，炫目奢靡的元朝宫廷生活，在文人的笔下更显得格外夺目，只是在无尽的奢靡中，大元帝国的统治者终于忘记了祖先创业的艰难，当一场漫天的风暴袭来，他们在中原的奢靡生活也就彻底地宣告结束了。

元朝的城市
没有城墙

民国初年，时新人士们认为城墙限制了城市的扩张，隔绝了城市的内外交通，留之无用。于是，在除旧布新旗号的引领下，全国各地都掀起了轰轰烈烈的拆城墙运动，许多古城墙在这次运动中被毁坏。

轰轰烈烈的“拆墙”运动

事实上，早在元朝时期，国家就曾经出现过一场拆城墙运动，只不过当时主导拆城的并不是什么时新人士，而是刚刚坐上江山宝座的元世祖忽必烈。

在统一全国后，忽必烈下令拆除天下城郭的城墙，他的理由是天下已经归于一家了，大家都是一家人，城墙的存在阻碍了人们交流感情。但连马可·波罗都知道，交流感情只是一种说辞，元世祖这么做的真正目的其实是加强对全国各地的统治。

在游记中，马可·波罗提到，在大汗的所有领地内，还有许

元 钱选《山阴逸兴》

多不忠诚的人，只要让他们抓住机会，就会犯上作乱，因此很有必要在那些民众较多的城池驻扎军队。这些城市中都不能建设城墙和城门，这样军队就可以不受阻挡，随意进出城市。

如果南宋的襄阳城没有坚实的城墙和护城河，那蒙古铁骑便可以长驱直入、横扫全城，短时间内取得战争胜利。现在把全国各地城池的城墙都拆了，哪里再敢作乱；即便有战乱，蒙古铁骑也可以迅速入城平乱，维护元帝国政权的稳定。

说是为了交流感情，实际是为了加强统治；说是全国所有城池都拆墙，但元大都却在不断重修高墙。

在忽必烈掀起的拆墙运动中，元大都和元上都的城墙不仅没有拆，还一再修复加固，大都周边一些城池的城墙也没有遭到拆除，只有南方那些刚刚被征服的城池被拆除了城墙，尤其是襄樊地区，所有的城墙几乎都被拆除。从这里也可以看出，元世祖的拆墙令更多还是出于加强统治的需要。

“拆墙”运动的补救措施

但也有一些城市依然保留了城墙，比如台州的临海古城。台州临海古城地势险要，易守难攻，沿江势而建的城墙更是抵御外敌入侵的重要堡垒。如果这里被作乱者占据，再多的蒙古铁骑也很难攻破城墙。那为什么还没有被拆除呢？这就不得不说这座城墙的防洪水功能了。

当时的台州首府位于江河入海口，河水与海水的落差会让海水倒灌，引发洪水灾害，如果没有城墙的阻隔，洪水会直接冲入台州首府之中。北宋时期，地方官吏开始用砖石修筑城墙，大大提高了城墙的坚固度，也使其成为抵御洪水的重要屏障。正是出于这样的需要，城墙才没有被拆除。

拆除了城墙就真的能够加强帝国统治，维护地方安定吗？至少在当时南方的一些地方官眼中，情况并不像元世祖想得那般简单。

在《元典章》中，有一条关于商人交税的法令写道："入门不吊引者，同匿税法科断。"这里的"吊引"指的是提取客商报货单。整条法令是说，巡视人在商人进入城门后，要提取其货单来报税，如果不这样做，就是在纵容商人逃税，要按逃税来接受惩处。

在没拆城墙之前，这条法令倒是没什么问题，但在拆除了城墙后，没了城门，商人进城还需要"吊引"吗？很显然，没有了门，也就没必要"吊引"了。财政收入就这样凭空少了一块，哪个地方官都接受不了，于是一些没有城墙而只有一扇城门的城市一下子便多了起来。

建一扇城门解决了对商人征税的问题，但还有其他一些问题让地方官颇为头疼。没了城墙之后，各个地区的草寇山贼经常会在夜晚前来袭扰，今天偷点农副产品，明天放火烧些房屋，搅得各地民不聊生，一时间民怨四起。

有城墙的时候只要在城门口安排两个哨兵，再在城墙上安排几个哨兵，地方官就可以安枕无忧地睡大觉了。没了城墙之后，守城士兵不够，地方官还得拖家带口外出巡视，这官员当的属实委屈。

不听百姓的抱怨，地方官的抱怨还是要听的，随着时间的推移，元帝国统治者开始认识到城市的重要性，一些新建和改建的城市重新有了城墙。到了元朝末年，为了防范农民起义，全国各地又掀起了轰轰烈烈的建墙运动，这一番折腾下来，元朝的统治也走到了尽头。

元朝有几个
一线城市

大都

“凡世界上最为稀奇珍贵的东西，都能在这座城市找到，特别是印度的商品，如宝石、珍珠、药材和香料……各种各样的输入物品数量之多，有如川流不息的江水。就拿生丝一项，每日入城者计有千车。用这些丝制作不少金锦绸绢，及其他数种物品……世界没有其他城市能和它相比……全城的设计都用直线规划。大体上，所有街道全是笔直走向，直达城根。一个人若登城站在城门上，朝正前方远望，便可看见对面城墙的城门。城内公共街道两侧，有各种各样的商店和货摊大都城人口众多………”

以上这段话出自著名的《马可·波罗游记》，它描述的是元朝一个繁荣无比的城市，更是马可·波罗心中世界最好的地方——元大都。

蒙古族人的祖先虽然以游牧为生，但在建立了强大的帝国之后，由于疆域辽阔、民族众多，反而使得帝国之内萌生出无比繁荣的商业贸易。在当时，中东、欧洲、东亚、北亚的商人和货物在整个帝国内可以畅通无阻地交易，而元大都就是一切商业贸易的中心。

据记载，在元朝鼎盛时期，由于道路和运河发达，来自欧洲、中亚、日本、南亚、朝鲜的商队络绎不绝前来，甚至非洲的商队也有前来交易的。当时在元大都的市场上，人们除了可以找到来自草原的牛马、皮毛，来自南方的稻米，还能找到来自海外的珍珠、珊瑚、宝石和香料。

为了管理如此繁荣的商业贸易，元朝政府特意在大都设置宣课提举司，负责维持市场秩序，征收政府商业税。据记载，在元中期商业最发达的时候，大都每年的商业税就达到十万三千余锭，按元朝官府国库铸银一锭为五十两，那么元大都仅商业税就超过五十一万两。

后世明朝在商业最发达的万历朝，年收入不过五六百万两，而元大都一个城市的商业税就几乎相当于明朝巅峰时期全国税收的十分之一，真让人不能不赞叹其商业繁荣程度。

如此繁荣的商业，如此庞大的政府收入，必然造成元大都人口的增长，马可·波罗曾感叹元大都“居民之盛，百万之输”，元代大臣也曾对元惠宗说过“京师人烟百万”。这百万虽然是虚词，但据学者考究，元大都鼎盛时期人口超过一百万应该是不成问题的。

如此庞大的人口数量，又必须依靠工商业来供养，可见当时的元大都已经发展成为一个颇有现代城市概念的都市。想此时欧洲最繁荣的城市塞维利亚，人口不过几十万，马可·波罗赞叹元大都是世界上最伟大的城市自然就顺理成章了。

元大都作为元朝的首都，毫无疑问占据元朝超级城市的第一位，那么元朝还有哪些“一线城市”呢？

杭州

大都之外的城市，马可·波罗首推杭州。杭州之前称临安，是南宋旧都，一向人烟稠密、商业发达，文化昌盛，而且因为临安未经战火荼毒，城市得以完整保存，所以元朝的杭州基本保持了宋朝的城市规划和布局。在此之上，又得到蒙古帝国的商业洗礼，使得杭州成为一个既具有人文情怀又具有商业价值的城市，也正因为杭州“既文艺又有钱”，马可·波罗曾赞叹“它是世界上最富丽名贵之城”。

杭州的繁荣，除了有南宋旧都的积淀之外，另一个原因是大运河的发达。杭州作为大运河的南端，负责转运南来北往的货物，尤其是还有海上丝绸之路的转运，使得杭州在帝国之内的地位更为突出。

当时，蒙古族人、色目人和汉人南下，到南方为官、从商、游历和从学，最重要的一个集散地也是杭州。不同民族、不同文化的人员往来，让杭州成了一个文化的大熔炉，在造就元代文化新气象的同时，也赋予杭州一个其他城市无法比拟的文化属性。

所以，如果真的有谁能够“回到”元朝，那么他最应该选择定居的大元都市恐怕就非杭州莫属了。

扬州

杭州旁边，是元朝的另一个“一线城市”扬州。扬州居南北

元　钱选　《锦堂图》（局部）

之要冲，自古就是中国最繁华的所在，唐朝曾经有“一扬二益”的说法。宋末扬州虽毁于战火，但是，经过十几年的发展，到元朝中期，扬州又恢复到了宋朝时期的城市规模。

扬州在元朝的重要性，一方面是当年的江南行政重镇，元朝曾在扬州设置扬州大都督府统领江南兵务，马可·波罗也在游记中写：“此扬州城颇强盛，大汗十二男爵之一人驻此城中，盖此城曾被选为十二行省治所之一也。”

另一方面，扬州是两淮盐业中心。盐税是古代重要税种，虽

然元朝商业贸易发达，但盐税仍然占财政收入很大比重，因此扬州的繁华就是理所应当的了。

广州

杭州、扬州再向南，则是元朝的另一个超级大都市广州。元末文人孙贲在《广州歌》中写："广南富庶天下闻，四时风气长如春……闽姬越女颜如花，蛮歌野语声咿哑，苛峨大舶映云日，贡客千家万户室，春风列屋艳神仙，夜月满江闻管弦。"从绚烂的文字中，我们便能体会到当年广州之繁华。

广州城的繁荣，主要是因为这里是承接海外贸易的港口，近到东南亚，远到南亚、阿拉伯地区，乃至于非洲，各种奇珍异宝、其他海外商品都在广州上岸、就近交易；中国丝绸、瓷器等商品又经由广州向海外输送，也就自然造就了广州成为一个繁华且具有异域情调的都市。

开平府

除了这几个绝对的"一线城市"以外，元朝还有一个令人意想不到的大都市，那就是元帝国的陪都开平府。开平府被元朝人称作上都或陪都，它位于今天内蒙古锡林郭勒盟境内。为什么它会成为元朝的第五大都市呢？因为它是蒙古的龙兴之地。

蒙古族自草原而来，在占据了中原建立大元帝国之后，大批蒙古王公贵族南下住到了大都，但是北方草原作为蒙古的家园是不能丢弃的，因此元朝就将当年的军事重镇金莲川加以修建，构成了上都的初始规模。

后来，随着蒙古帝国境内贸易往来频繁，大量粮食、布帛、铁骑要被贩运到草原上，草原的牲畜要被贩运到中原地区，于是上都便又成了草原与内陆贸易的一个集散地。再加上元帝国皇帝贵族不定期地回草原祭祀、省亲，于是上都的城市规模便越来越大，终于形成了“老翁携鼠街头卖，碧眼黄须骑象来”的繁华景象。

元中期，上都商贾云集，当时的商税收入已逾一万余锭，比草原的岭北行省要高出三十倍，由此可见，上都俨然已经成为沟通南北、衔接草原与中原的大都市。

楠木紫檀，元朝的奢华家具

中国古代家具就像一部“由木头组成的绚丽诗篇”，其中明清家具在世界上广受赞誉，被称为中国古典家具的代表。不过，明清的家具和元朝的家具有很大的渊源，在一定程度上，我们可以说元朝家具是明清家具的“鼻祖”。

元朝家具的多民族融合风格

说起元朝的家具，我们不得不先了解辽金时期的相关历史。

北宋、辽、金并立时期，辽金对汉族文化影响比较大，民族融合较为深入，双方的生活习惯、生活方式都发生一定的改变。

其一，辽朝在家具制造方面主要仿照的是汉族文化样式。不论是从辽朝壁画中的家具形象，还是从辽墓中出土的家具文物，都可以看到汉族家具风格的影响。不过，与宋朝家具不同的是，辽朝家具有一种简朴雄壮的气质，雕饰比较少，设计比较简洁。

其二，金朝在家具方面也受到了中原文化的影响。金朝家具的特点、形制和南宋非常相似，其种类比宋朝有过之而无不及。如金朝的炕桌和宋朝的桌案非常相似，不同的是金朝的炕桌比较矮，具有浑圆粗朴的特点。

辽金这两个时期的家具受到宋朝很大的影响，其造型普遍比较纯朴，结构大多比较简单。值得注意的是，这两个时期的家具已经有些豪迈的草原民族格调，并且局部设计包含北方民族的豪放之气。

到了元朝之后，蒙古族人统一中原，建立了中国历史上第一个大一统的少数民族王朝，元朝人的生活方式和审美趣味在多种文化融合之下别具一格。其中，元朝的家具是游牧民族和农耕民族文化交融的产物，呈现出了不一样的风貌。

在入主中原以前，元朝人多以帐篷为栖居之所，其家具以一些小橱、坐具、矮桌等可以随时搬迁的小型家具为主。元朝建立之后，人们生活方式开始慢慢向汉族靠拢，家具的风格也有了一些改变。

元朝家具的特点

首先，元朝在家具用料上，从来不吝惜大料的使用。

元朝的统治者曾经居住在广阔的大草原上，他们心中不似宋人那般委婉多情，更多的是豪放不羁。在家具用材上，他们也更喜欢大体量的浑厚之美。

和宋人的惜木惜料相比，元人更喜欢用极大极厚的木料来做家具。即使是湘妃竹这种典型的文人审美木材，元人使用时也非常粗硕。这种“显大、显状”的造法，让元代的家具变得十分牢固和耐用。

其次，元朝家具在结构上也有着自己的特点。

一是普遍使用高拱罗锅枨（枨是家具中承重和加强形体牢固的木柱）结构。这种结构不仅能够起到装饰作用，还能起到联合和支撑的作用。除了高拱罗锅枨之外，元朝家具还出现了裹腿枨、霸王枨等结构的雏形，这些结构都是用来加强家具的稳固性的。

二是元朝家具中的高束腰结构也是宋朝很少见的。宋朝人家具很少出现束腰，他们的家具通常是轻薄的案板下直接连接纤细的腿足，看起来比较素朴简洁。而元朝人的家具却一改宋朝灵秀平淡之风，他们所制作的家具体块雄厚。

元代家具中的高束腰仿照的其实是唐朝家具结构，只不过元朝家具的高束腰部分收的更紧，与束腰相连的腿足展现了很明显的S形曲线。如果你对这种束腰结构不怎么了解，只要细细去观察元代的盆架、椅凳、桌案家具，就能看到元朝家具束腰结构的夸张效果。

三是元人在家具的腿足上也花了一番功夫。元人大多属于游牧民族，他们喜欢贴近自然，爱好写实，所以他们制作的家具的腿足呈现很多新奇的姿态，比如三弯腿外翻马蹄、内翻马蹄足、花草足、卷珠足等，这些姿势无一不体现了他们丰富多彩的生活。

四是元朝家具的装饰图案纹样也和宋人有所不同。

一方面，元人受到了蒙古族崇尚大自然风俗的影响，他们制作的装饰图案纹样吸收了很多中国传统古典纹样。另一方面，元

《西厢记》彩图

朝人同样也受到了伊斯兰文化和波斯风格的影响，他们制作的家具上也有很多植物卷草纹样。尤其是在后期，元朝家具中主要以花草纹为装饰图案，而且所有的图案都极力表现如云气流动般的气势。

除了植物，元人在家具腿脚上开始使用动物曲线，如比较典型的老虎腿。元人还会用动物的尾巴纹（俗称云纹）装饰家具。想必带有动物装饰的家具，会受到很多小朋友的青睐。

最后，元朝家具的风格十分华美。

与宋人简朴含蓄的审美相比，身为游牧民族的元人审美就比较直接热烈了，这一点在家具上有充分的体现。

元人在席卷中亚之后，他们被伊斯兰和波斯富丽堂皇的风格吸引了眼球，制作的家具也十分华美。

马可·波罗在《马可·波罗游记》中就曾记载："上都皇宫内大殿、房屋和走廊全部贴金并且油漆得富丽堂皇。宫中的绘画、肖像、鸟树花草等美妙精巧，使人愉快和惊奇。"

元朝家具在继承前代的古朴自然之外，其装饰风格非常精美华丽，不止马可波罗在游记中提到的贴金、油漆，诸如外罩桐油、金属包角、镶板等装饰非常常见。

如《蒙鞑备录》记载："设在各斡耳朵中的大汗宝座，长而宽好像一张床，全部涂成金色……"这种宝座在江南则被称为"金裹龙头胡床"，形状如禅寺讲座。

还有，根据相关专家的研究，元朝皇帝寝宫内的御床所用的都是非常名贵的材料，比如白玉、楠木、紫檀、樟木等，皇宫所用的椅子大多数也是"金红边椅"，也就是饰银涂金的交椅。

总的来说，元朝的家具多沿袭宋代家具的特点，在此基础上又有新的发展，结构更趋合理，为明清家具的发展奠定了基础，这也是开篇我们将元朝家具称为明清家具的"鼻祖"的原因。

能住就行，
元朝人住房不讲究

“元朝统治者是蒙古族人，想必汉人在大元朝的日子很不好过吧？”

“哎，我看过元朝的房子复原图，老百姓的房子可简陋了。”

如果这段对话被元朝皇帝听见，他肯定要气吐血。的确，蒙古族人在建筑技术方面是落后于汉人的，但是皇帝并没有故意亏待汉人的意思，而是蒙古族人本就是崇尚简朴粗犷的建筑风格。不过，哪个朝代的老百姓日子都不好过，元代老百姓的房子自然也不会奢华到哪儿去。但是，与其他朝代相比，元朝老百姓的房屋确实格外粗犷，为什么呢？首先，元朝人住的房子主要承袭了金朝的建筑风格。因为元朝统治者是游牧民族，所以元代建筑的特点多为粗放不羁。金朝在建筑方面喜用移柱、减柱，元代则更加大胆，直接减省木构架结构。也就是说，元代多用原木作梁，所以外观显得粗犷豪放。其次，蒙古人偏爱白色，所以元代民居也多刷白色，这就更显得元代建筑朴素简单了。

有人问了，元朝人不住蒙古包吗？对这个问题，我们可以引申成：在有房子住的情况下，你会选择住在帐篷里吗？

蒙古族人尚未入主中原时，他们的居住习惯是“逐水而居”。可入主中原，住在城里后，他们就不用迁徙了，因此也就没有搭帐篷的必要了。但是，蒙古包的设计理念和花式却影响了蒙元王朝的建筑。

彭水新田乡马峰村有一幢元代的木瓦房，这座木瓦房经历了数百年风雨，却始终没有腐坏。这幢元代民居占地约为100平方米，前后各有两层房檐。民居两侧的楼板，每块宽约30厘米，侧面板壁木板宽约50厘米，长约200厘米。

这幢元代民居的材料为马桑木，全屋是以“建筑外观为两重檐”为特点构筑的，这种方式构筑的房屋，其抗震、抗风雨性能都很强。

屋内的屏风墙前放置了一条狭长的香案，上面摆放着祭祀用的物件，还有一只残破的灯台和香炉。香案下方是一排木柜，柜子里有一只古磬（乐器名）。如果用手轻弹，还能发出沉闷的声响。房屋中间的隔墙是用黄泥巴和篾条做成的，隔壁有大小两间房，应该是主人的卧室。

这座元代民居很大程度上体现了元朝人住房的特点。由于元王朝达到了多民族交融、共存的局面，所以元朝人的民居也呈现出多元化的风格。

元朝统治者崇尚佛教，尤其崇信藏传佛教。受信仰、风俗等影响，元朝产生了很多有特色的民居，比如盝形屋顶、喇嘛塔等。汉族人民固有的技术与建筑形式，在元朝也出现了变化。比如人们会在官式木构建筑上，直接使用未加工的木料。民族大融合的现象，也让元朝的建筑带着一种粗犷和直率的蒙古草原风。

元朝老百姓住的房子，其实跟现在的老北京四合院差不多。因为当时最流行的民居布局是院落式，房屋也都是工字型。意大利旅行家马可·波罗描述自己在元朝大都城内的所见所闻时，做出了“各家区地建屋，亦成正方，无参差先后之不齐。每家之长，各得地若干，建屋其中，世世居之”的评论。可见，元朝时期的大都老百姓，大多是全家住在一个院子里的。

元朝民居并不讲究材料，就连遮风挡雨用的建筑檐头，也主要使用各类瓦当。元朝时期，瓦当的使用范围非常广泛，而且各地差别较小。元朝瓦当的纹饰通常是莲花纹和兽面纹。从元代遗存看，长江以北地区的民居更爱使用兽面纹瓦当，而长江以南的民居则通常使用花卉纹饰。

元代“四合院”与今天的北京四合院布局相同，都是由二门、正房、东西厢房和南房组成。四合院的院落大门开在东南方，二门开在东房与南房的间隙处。这种木结构的建筑，讲究真材实料不加雕饰，一眼看上去格外粗犷质朴。

除却元代建筑本身的粗犷特点外，元朝老百姓住房“不讲究”还有另一个原因，那就是统治者不允许平民的民房太“讲究”。《元史》对老百姓住房规格做了记载：“诸小民房屋安置鹅项，衔脊有鳞爪瓦兽者，笞三十七。”笞就是鞭打的意思，这句话是说，蒙元统治者不允许平民的房屋以鹅项装饰，也不允许平民房屋衔脊处打造鳞爪瓦兽。如果有平民违反了这条规定，将房屋装饰得过于豪华，那就要被抓起来，抽三十七鞭子。

元代庭院遗址复原图（此为北京四合院的雏形）

元代地域辽阔，民族众多，等级分化较严重，贫富差距较大。所以，元朝房屋的豪华程度也不能一概而论。但按照元朝的整体情况而言，和其他朝代一样，大部分财富也是集中于少数统治阶层手中，多数房屋都是粗犷简单的。

不过，简单的房屋并不代表不好。至于住得舒不舒心，那就只有元朝人自己才知道了！

第四章　行

元朝骑兵，出门要带零食包

如果你看过出土的元朝骑兵形象，你肯定能发现他们身上背着的行囊。这些行囊里面装的是什么？骑兵的兵器，露天帐篷？No，都不是！相关专家经过研究发现，这些背囊竟然是骑兵们的零食包，里面装着各种便携的牛肉干、奶干等“零食”。

原来，蒙古高原干旱缺水，自然条件恶劣，骑兵们在行军时，通常都会带点牛肉干、奶干等食物，以便随时食用，保存体力。

牛肉干秒变牛肉汤

不过，骑兵所带的牛肉干不是用来嚼的，而是用来喝的。他们通常将牛肉切成条，然后把牛肉搭在用木条搭制的棚子上进行风干。等到牛肉风干到和棉絮一样完全没有水分，人们才把这些牛肉干一层层压在皮囊之中。据研究，如果牛肉风干的够好，骑兵有一个随身携带的大皮囊就可以把整头牛装下。

行军时，骑兵一般都要沿着有水源的地方前进。需要吃饭的时候，骑兵就会临近取水，把水煮开，然后从皮囊中撕下一点肉干，泡在开水里。不一会儿，牛肉和开水就成了一碗牛肉汤。骑兵喝一碗这样的牛肉汤，既解渴又充饥。

但牛肉干并不是适合骑兵的最佳食物。一方面，烹制牛肉干需要水，要一直沿着水路走，行军速度肯定会大打折扣。另一方面，行军时，背着烹制牛肉汤的锅釜之类的器皿也会增加行军负担。史料记载蒙古军可以“屯数十万之师，不举烟火”。按照这样的习惯，牛肉干就算不得最佳选择了。

奶豆腐才是急行军的最爱

事实上，除了牛肉干之外，骑兵在行军时主要食用的是另一种食物——奶豆腐。奶豆腐是指将牛奶酸化凝固，隔离出奶油，然后通过装模、硬化、晾干形成的一种奶酪，分为酸味和无味两种。

这种奶豆腐营养价值很高，饥饿时吃一小块就有饱腹感，而且奶豆腐硬化晾干不容易发霉；即使表面长出霉，去掉霉层也可以继续吃。奶豆腐的食用方法也非常简单，如果骑兵牙口好，可以直接嚼着吃奶豆腐；如果不想费牙，也可以放在嘴里慢慢含化。

有了奶豆腐，骑兵的食物问题基本可以解决了。那么饮水问题又该怎么办呢？骑兵作战时，饮水基本靠马奶。行军时，骑兵每人都会携带两匹或三五匹战马轮换骑乘。在挑选战马时，他们通常会选择下过马驹的母马，因为这些马奶水充足，可以随时向

元 钱选《公子挟弹图》

骑兵供应马奶，“一牝马之乳可饱三人”。

说到这里，有人可能会惊讶，蒙古马真的如此强健，在任何情况下都能产奶？事实上，蒙古马的耐力和环境适应能力的确很强。无论什么样的草料，蒙古马都可以消化掉，并且恶劣的环境也不会影响它们的体质。

即使骑兵在非常严酷的环境中，没有办法找到水草，骑兵还可以从蒙古马的颈部血管里吸一点血来解决干渴。只要骑兵不过量吸马匹的血，这些马匹仍能坚持奔跑。

有了奶酪、牛肉干这些便捷食物以及马奶等便捷饮品，骑兵在行军路上的饮食基本就可以快速解决了。也正是依靠这些，蒙古骑兵总被人们称为“狂风”，他们的速度在战场上占据了很大的优势。

但并非所有的骑兵都需要这么快速地长途跋涉，实际上这些速度极快的骑兵团只是少量部队，他们通常负责奇袭，在短时间内摧毁敌方的士气。除了少量骑兵团，大军团行军并不过于追求速度，因此他们的饮食则相对比较丰富。

除了奶酪、马奶、这些方便食物之外，大军团还可以经常享用牛肉干等需要烹制的食物，而且有时还有新鲜的肉食可以改善生活。

其中新鲜的肉食一部分是随军携带的，一部分则是狩猎得到的。一般大军出动时，都会有辎重队带着行李大车、牲畜等随行。

元军团的其他补充

除了辎重队，大军还有一种叫作“奥鲁”的后勤组织。奥鲁和中原军队的辎重营相似，但不完全相同。大军的奥鲁组织会有随军出征的家属。这些家属通常待在前线后方，负责看守运输辎重，以及挤奶、酿造奶油、缝制皮革等。

当随军牲畜即将食用完毕时，大军还会通过狩猎补充食物。大军对食物非常珍视，他们不会浪费一丝一毫。史料曾载，“以肉乳猎物为食，凡肉皆食，马、犬、鼠、田鼠之肉，皆所不弃”，而且他们也把暂时来不及细啃的骨头放在袋子里，方便以后继续食用。

依靠辎重队和狩猎，再加上骑兵的忍耐力，元朝军团才能够长途远征。到了敌人国境之后，元朝军团还会使用另外一种补给方式——“因粮于敌”。因粮于敌就是在敌方国土收集粮草，抢掠敌方百姓的粮食。不但可以消耗己方的饮食，还能打击敌方经济，甚至可以逼迫敌方野战，然后寻找机会歼灭敌军。

不过，这种方式并非每次都可以成功。至元二十四年（1287），忽必烈发动了对安南王国（今越南北部）的征伐。安南王国自知无力正面抗战，于是便对元朝军队发起游击战。

元朝军队没有办法实施因粮于敌，再加上己方的粮草又被安南水军拦截，负责粮草的将领无奈之下，只能把全部粮草沉于海底。元朝军队没有粮食可吃，除了仰天长叹无计可施，最终惨败而归。

行军打仗是一件非常艰苦的事情，军队如果得不到足够的饮食，必定会被敌方一举歼灭。兵马未动，粮草先行，这样看来，粮食比兵器还要重要。如此，出土的元朝骑兵形象中随身背着“零食包”这种举动也就不足为奇了。

元代的“急递铺”和今天的“快递公司”一样吗

在现代，我们买衣服、家具，给远方的亲朋好友送礼品等，只需要叫一个快递员就可以轻松搞定。但在元朝，快递并没有如此发达。那时人们如果想要异地传送文件或物品，只能去一个叫作“急递铺”的机构。

元朝的快递：急递铺

急递铺又叫作邮驿传递，简称邮传，最早产生于宋朝。根据沈括在《梦溪笔谈》里的记载，急递铺主要有步递、马递、急脚递三种形式。其中，步递是采用接力步行方式传递文件或物品，其速度是三者中最慢的；急脚递速度最快，能“日行四百里”。

急递铺虽然产生于宋朝，但是当时的数量比较少，只在个别比较重要的地方有设置，人们依靠急递铺传递东西并不是很方便。

纵观历史，元朝可以算得上是急递铺的鼎盛时期。这个时期

元　任贤佐　《三骏图》

的急递铺不仅制度严密，通信业也比较发达。当时，除了极少数的紧急公文需要使用驰驿传送外，几乎全部的文书都需要通过急递铺传送。

中统元年（1260）四月，忽必烈派人开设了从燕京到开平的急递铺之后，全国各地纷纷开始设置急递铺。当时，每隔十里、十五里或二十五里就有一个急递铺。

急递铺的业务规定

那么，在元朝人们到底怎样利用急递铺来传递东西呢？

首先，我们必须要找到急递铺。这一点很简单，因为当时的急递铺有很多特殊的标志。每一个急递铺有一枚显眼的牌额，相当于现代的招牌，还有一座红色的门楼。此外，在急递铺内还有一枚十二时轮子。凭借这些标志，人们就能轻松找到急递铺。

找到急递铺之后，先不要急着传递文书或物品，你还需要先了解一下元朝的“快递盒”。元朝急递铺的“快递盒”一般分为匣子和纸袋两种。匣子一般用于传递紧急文书，纸袋一般用于传递一般文书。

有人可能会好奇，匣子固然可以保障文书和物品的完整性，但简陋的纸袋怎么保证文书和物品的完整性呢？其实元朝急递铺使用的纸袋大有讲究。

之前，急递铺使用的纸袋都是用薄纸制作而成的，后来为了增加安全性，改成了厚夹纸。各个衙门在寄公文之前先将公文用净纸封裹，再把公文装进厚夹纸印信封中，最后再用油绢、夹板和邮袋等对公文进行“特殊保护”。这样一来，就不用担心公文在途中破损或丢失了。

另外，还有一点需要注意，急递铺对文书和物品的重量也有规定。通常，人们传递的文书和物品不能超过10斤。若想传递超重的公文或物品，只能另寻他路了。

包装好文书和物品后，就是下一个问题了：什么时候这些东西能够顺利到达目的地呢？

一般来说，元朝的铺卒按照规定应该一天一夜走四百里，并且无论刮风下雨都不能停歇。正如《元史·兵志》上说，铺卒传递文书时，“皆腰革带，悬铃，持枪，挟雨衣，赍（带）文书以行，夜则持炬火，道狭则车马者、负荷者，闻铃避诸旁，夜亦以惊虎狼也”。

当然，这么远的道路不可能由一个铺卒完成。通常，每个铺卒只能走五公里，走完五公里之后，他们会把文书或物品交给下一个铺卒，如此接力完成传递的任务。

马可·波罗在他的游记中对中国铺卒的工作有一段很形象的描绘：“在各个邮站之间，每隔约五公里的地方，就有小村落……这里住着步行信差……他们身缠腰带，并系上数个小铃，以便当他们还在很远的地方时，听见铃响，人们就知道驿卒将来了。因为他们只跑约五公里……从一个步行信差站到另一站，铃声报知他们的到来。因此使另一站的信差有所准备，人一到站，便接过他的邮包立即出发。”

在传递的过程中，每份文书或每件物品还要经过层层登记和检查。之前，每个急递铺都需要逐个登记过往的文书或物品。在后来的发展中，为了节省时间和工作量，去掉了烦琐的登记和检查环节，来往的东西只需要经过总铺的开包登记和检查即可。元朝急递铺每十铺设置一个总铺和一个邮长，每个邮长管理五个铺卒。

最开始，急递铺的效率比较慢，向比较远的地区传递文书或物品可能需要十天半个月，甚至更久。到了后期，急递铺的效率提高了很多，之前需要十天十夜才能完成的任务，可能只需要两天两夜就能完成了。

在水果成熟的季节，若是远在上都（今内蒙古）的皇帝想吃汗八里（今北京）的水果，急递铺最快两天一夜就能将汗八里新鲜采摘的水果送到皇帝面前。

可见，在元朝寄个“快递”也是一件非常方便、快捷的事情。不过，元朝的急递铺和现代的快递公司还是有很大的差别的。

最大的区别就是元朝急递铺并非人人都可以使用。当时的朝廷规定，急递铺主要用来传递文书或为皇家传递物品，严禁闲杂人等利用急递铺传递闲慢文字和私人物品。

到了大德五年（1301），朝廷为了减轻急递铺的负担，又规定了使用急递铺的条件：只有中书省、御史台、枢密院、宣政院等79家官衙文书可以通过急递铺传递，新旧运粮提举司、各投下总管府等20种官衙的文书不许经由急递铺传送。

虽然元末时期急递铺已经衰亡了，但是元朝急递铺在历史上仍然占有一席之地，在当时的历史条件下，这样的“快递”业务能力足以让后人惊艳了。

马车不够威风，象车才是最爱

在现代，我们的出行工具多种多样，小到自行车、小轿车，大到火车、飞机，应有尽有。但是在元代出行时都使用什么交通工具呢？据相关史学家分析，元代普通人出行时大多只能骑马或乘船，若是比较有钱，或许还可以乘坐轿子；不然就只能靠两条腿了。不过，与这些简陋的交通工具相比，元朝皇帝所使用的交通工具就“奢华”多了。

最主要的是轿辇。在一些古装剧中，经常能够看到在长长的仪仗队后面，皇帝坐在外形豪华的轿辇之中。这种轿辇虽然看上去像轿子，但其实是一种马车，有时可能没有马，直接被人抬着，如《步辇图》中的唐太宗乘坐的就是轿辇，画中的轿辇由几名女子抬着。

元朝皇帝的象辇更威风

元朝的皇帝也不例外，他们出行时所乘坐的交通工具也是辇，不过这种辇和其他朝代有所区别。比如忽必烈之前的蒙古大汗乘坐的都是具有蒙古风格的车。但要说最具特色的，当属忽必烈在位时乘坐的“象辇”了。

与威风的马车相比，象辇可谓是元朝皇帝们的“宝贝”坐骑。所谓象辇就是把木制的大轿子架在大象背上，然后在轿子上面插上旌旗和伞盖，轿子里面再铺上金丝坐垫。

元朝皇帝乘坐的象辇一般有四只大象，每只大象都有一个驾驭者。但是，当皇帝需要通过比较狭窄的山路时，他们通常会坐在一只大象或两只大象拉着的象辇中。

说到这里，有人可能会有疑问。元朝实行的是两都制，其中大都是北京，上都是和林，这两个地方都在北方，而北方并不是大象的产地，那背负象辇的大象是从哪儿来的呢？

魏初的《青崖集》卷一《观象诗》中记载：“皇帝马棰开云南，始得一象来中国。”《元史》卷七十九《舆服志二·仪仗》中记载，占城、交趾、真腊等都向元朝进贡了大象。

这些史料证明，元朝皇帝乘坐的大象最早来自云南，后来缅甸、占城、交趾、真腊以及金齿、大小彻里等东南亚国家也陆续向元朝进贡了很多已经被驯服的大象。也有一些地方会把还没有被驯服的大象进贡给皇帝，皇帝收到这些大象后，会专门派人把大象放在今天北京的积水潭、什刹海和前后海的南边，由专人驯服。

元朝的皇帝之所以不用马车，而用象辇作为他们的交通工具，其中有很多原因。

其一，这种象辇看上去十分奢华，与皇帝的天子地位相得益

清　任熊　《十六应真图册》

彰。元朝的皇帝出行时，经常乘坐象辇，以示威仪。

马可·波罗在他的游记中记载："忽必烈乘坐在一个木制的宝盆里，这个宝盆是架在4只象的背上，象身用被火烤得干硬的厚皮保护着，并且披上铠甲。宝盆上有许多弩手和弓箭手。宝盆顶上招展着绘有日月图案的旌旗。"

除了日常出行之外，元朝皇帝还把象辇当作巡幸两都的专用交通工具。每年夏历二三月，皇帝几乎都会乘坐象辇并带着随行大臣、官员从大都转移到上都，然后在上都小住半年，至八九月再乘坐象辇回到大都。元代很多诗人的诗作中都描绘到这样的场景：在上都附近的鸳鸯坡，皇帝乘坐象辇缓缓而行。

其二，大象步行缓慢，步子阔大但十分稳当，大象所牵引的象辇高大宽敞，乘坐起来非常舒服。大象是最智慧的动物，它们懂人性，比较温顺，虽然身体非常庞大，但是很容易被人们驯服，所以由大象牵引的象辇既舒适又稳当。

不过，和马车相比，象辇的安全性比较低。曾经就有大臣考虑过乘坐象辇的危险性，并且劝告过皇帝，如果大象失控，不听指挥，很容易踩伤众人。当时的皇帝并没有听大臣的劝告，以至于后来真的发现了大象受惊踩伤侍从的事情。

《元史》中记载，忽必烈有一次乘坐象辇参加围猎，不料大象被狮子舞吓到了，突然“奔逸不可制”，踩伤了很多人，幸好当时有一个叫贺胜的汉人牵制住了大象，避免了一场更大的灾祸。

此事过后，忽必烈认为贺胜护驾有功，将他提拔为上都留守。但是，忽必烈并没有意识到象辇的危险性，仍然不愿意舍弃象辇这种威风的交通工具，每次巡幸两都时照例乘坐象辇。在后人看来，元朝皇帝很有可能是不愿意放弃这种彰显天子身份的机会而已。

有身份的人出行，
那得请仪仗队

对考古或元史感兴趣的朋友，一定听说过“靳德茂墓”。

靳德茂墓是河南省焦作市的文物勘探队发掘的一座元朝古墓。勘探人员在其中发掘了83件珍贵文物，有81件是各种造型的人物陶俑，还有2件是元朝的马车。从整体上看，这套文物像是一支声势浩大的仪仗队，描绘了墓主人出行的盛大排场。

这座元朝古墓位于焦作市中站区许衡街道办事处东王封村靳家坟。经过专家的勘定，古墓主人的身份也公布了。

靳德茂是元世祖忽必烈时代的重臣，有身份的人，其墓中陪葬品自然格外丰厚了。

靳德茂即靳煌，字子安，生于1210年，卒于1292年，享年83岁，一生可谓是风光无限。公元1254年，靳煌便跟随忽必烈东征西讨，彼时，忽必烈还是一名藩王。忽必烈渡江南征，攻打南宋时，靳煌以正三品官员“尚药太医”的身份追随其左右，立下汗马功劳。

公元1260年，忽必烈称帝，他更加厚待靳煌，并将其升为“太医院副使”，准其出入禁宫。为大元服务了30余年后，靳煌决定辞官回乡。忽必烈感念其功德贡献，特准其享受怀孟路总管的待遇。

靳德茂墓出土的仪仗队，其实也是靳煌生前出行的场景。在元朝，有身份的人出行都得搞一个仪仗队来撑场面。

就拿靳煌来说，为其陪葬的车马仪仗队呈左右对称的方阵，中间的两架马车顶棚华丽，高大庄严。两架马车的车辕前端都雕刻着精美的龙头，一辆马车的车顶与蒙古包圆顶相同，顶部被漆成了白色，顶尖儿为红色；另一辆马车为平顶汉式马车，顶部呈现黑色。两辆车由两匹马拉着，周边围着众多仆从。

车马中间有一名健壮的车夫，马车左右两侧各有一位佩剑的壮士。这两位壮士一为蒙古人，另一名为汉人。

蒙古壮士的服饰装扮与其他人不同，只见他头戴无檐宝珠顶软盔，双辫搭肩，上穿绿色左衽半袖小衣，袒胸露腹涂红彩，腰束白色软带。下身穿着白色褶状宽短裙，系着一条红色围腰，脚上穿的是翻沿短靴，这种衣饰更显蒙古壮士的身材健美。蒙古壮士圆脸高鼻梁，牙齿紧咬下唇，粗眉深眼络腮胡，双目圆睁，不怒自威。

汉人男俑则与蒙古族人不同，他身穿黑色圆领衫，整体色调偏暗。根据《元典章》规定，元代平民是不允许穿色彩鲜亮的衣服的。所以，元代平民只能穿如褐色类的暗色衣衫。靳煌的仆俑与《元典章》的记载是相符的。汉人男俑戴了包头巾，衣饰看上去延续了宋朝男性平民的装扮。

两位壮士牵着马，面部表情都十分生动。而两位壮士身侧，是些手持器物负责开道打旗的家丁。这些开道家丁无论在穿着还是打扮上，都比其他人更气派。

他们身材高大健壮，头戴黑色幞头，幞头顶端打一软结于耳后垂至双肩，还在额头上插了花。他们的发饰呈桃状，几缕发丝垂在耳侧，这是极具代表性的元朝装扮。看面部，这些开道家丁面庞丰满，五官端正，尽皆是高鼻大眼，阔耳络腮胡。开道家丁们内穿白色右衽短袍，外罩黑色方领开襟窄袖衫，这些家丁的腹部突起，腹部上下系着两条红色革带，革带在腰后合为一体。家丁们下身系着红围腰，脚上穿着白色长筒靴，左臂贴身下垂，右手握在中空，仿佛举着木杆彩旗一般。

因靳煌是与夫人秦氏合葬的，所以出土的车马仪仗队中还有

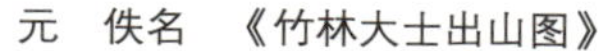

元　佚名　《竹林大士出山图》

伺候夫人的侍女、奴仆。

车队前排是拿着各类物件的男仆，他们穿着不一，有些头戴幞头，有些头戴圆帽。但是男仆们的五官也非常端正，只见他们面庞丰满，高鼻大眼，阔耳络腮胡，一脸庄重严肃。男仆们有的为主人扛着大雨伞，有的为主人背着椅子，有的为主人执拂尘、提水壶，有的提着毛巾、脸盆，还有什么都不拿，只叉腰而立站在一旁的。

女仆则站在车马的最后一列，这些女仆身材娇小，面庞丰润，五官相当清秀。她们额前贴一花饰，脑后绾着整齐的发髻，中间插一红色发卡，两耳垂佩戴圆形耳饰，打扮得十分光鲜亮丽。女仆们身着开领对襟半袖衫，下配曳地长裙，鞋尖在裙摆下若隐若现。靳煌家女仆衣服也非常考究，如果上身的对襟半袖衫

是白色，则长裙需配红色，鞋尖为白色；如果上身的对襟半袖衫是绿色，则长裙需配白色，鞋尖则是红色。女仆们分别捧着礼包、瓶子、摇钱树、金元宝、镜子、水壶、酒坛、杯子、胭脂盒、书卷和香炉等日常物品。

整个车马出行仪仗队布局严谨，排列有序。从陪葬车马队和相关记载看，靳煌一家在元朝的身份颇高。据载，靳煌不仅自己身居高位，他的四个儿子也在朝中分别担任知威州、太医、卫辉路总管、睢州判官职务。看到靳煌一家的官职身份，我们也只有感叹一句：有身份的人出行，那排场可真是不一般啊！

成吉思汗不征印度

是因为怕热吗

作为一个马背上的民族，元朝人的彪悍可谓是无人不知，无人不晓。成吉思汗成立大蒙古国之后便不停地发动战争对外扩张，在他的领导下，疆土面积不断扩大，不仅整个东亚都归为元朝所有，欧洲有的地方也成为了蒙古的疆土。

但是有一个奇怪的现象，成吉思汗征服了许多国家的土地，却唯独没有将印度攻下。印度比起欧洲离蒙古近了许多，并且古印度也异常富足，而成吉思汗却抛下印度转而攻占其他国家，这使得人们百思不得其解。是角端劝成吉思汗不攻打印度吗？

史学家也对此十分好奇，他们翻阅大量的元朝史料之后终于发现了其中的奥秘：原来成吉思汗并不是没有攻打印度，而是在攻打印度的途中受挫，不得不折返攻打其他国家。

《元史·耶律楚材列传》中记载：成吉思汗曾经携带铁骑千军前往攻打印度，但是攻到印度河流域时，士兵们因天气太热而口干舌燥。当他们下马想要一饮印度河河水解渴时发现，这河水温度极高，竟然像沸水一般，根本没有办法饮用。

正当将士们一筹莫展之时，河滨之中忽然出现了一只巨大的猛兽，好胜心强的成吉思汗刚想要射杀猛兽，猛兽就发出了“汝主早还”的声音。

随军的耶律楚材赶忙叫停了成吉思汗，并且告诉他这猛兽名为“角端”，它的出现正是在警告我们不要再踏进印度地界。成吉思汗听了这话，没过多久就撤兵回到了蒙古。

你一定想说：这不是一个神话故事吗？

历史学家也有这样的疑问，不过在陌生地域遇到从未见过的动物的事情也时有发生。而耶律楚材本就想要劝谏成吉思汗回归蒙古，假借怪兽叫声劝成吉思汗回国也不无可能。

不过更多的历史学者以为成吉思汗放弃攻打印度应当有以下几个原因：

第一，成吉思汗及他的军队常年生活的北方蒙古高原气温偏低，而印度正好与此相反，这里不仅温度较高，还伴随着较高的

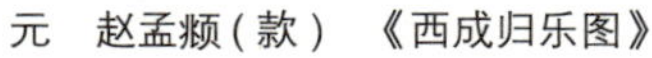

元　赵孟頫（款）《西成归乐图》

湿度。在这种气候下，成吉思汗的军队必然不会是骁勇善战的骑兵，《元史》对印度河河水水温和士兵无法饮水的描述也正是蒙古士兵难忍热浪天气的表现。

因此，气温可能是成吉思汗打退堂鼓的真正原因，因为即使在印度长期僵持，士兵也无法长时间忍受这样的高温气候，用不了多久便会全部体力不支。

第二，蒙古铁骑适应平原作战。蒙古以及中国内陆大部分的城市地区路况较好，有利于蒙古军队行军。马匹本身就擅长平地作战，在这种情况下，好骑射的蒙古军队很容易就可以攻占平原地带。

但是印度不同于他们攻占的其他地域，这里不仅河水众多，还有大量的树林与猛兽，而这正是成吉思汗的军队不擅长的。

第三，印度士兵作战方式可能压制蒙古铁骑。当时印度常常以“哈第”也就是现代人们常说大象作为战争武器。大象高大又威猛，相对于马匹而言更加适于作战，这一优点也削弱了蒙古骑

兵的战争优势。

相传蒙古军队攻打印度时，印度曾经派出了众多大象出战。这些大象身姿雄伟，每只大象身上再载一个战楼。战楼上能够背负十几个士兵。军队则可以在几米高的战楼上射杀蒙古军队。在这场战斗之中不少蒙古士兵战死沙场，以至于后来即使成吉思汗想出来火攻的方法，士兵们也因惧怕不敢上前。看过《魔戒·王者归来》的人应该有印象，象群部队一上来就把洛汗国的奇兵压制住了。

以上原因更可能是成吉思汗放弃攻打印度的原因，而对《元史》为何以这样一个故事记载成吉思汗放弃攻打印度，现代人猜想：身为统治者的成吉思汗有着书写历史的权力，他肯定不能将蒙古士兵难忍热浪的原因写进历史，显然，借助耶律楚材“角端”劝谏的故事退回蒙古的方式是一个更为得体的理由。

丘处机

也写过《西游记》

在我国文学发展史上，名为《西游记》的著作一共有三部：名气最大的是明人吴承恩的小说《西游记》，其次是元人杨景贤的杂剧《西游记》，最后一部便是丘处机的《西游记》。其中，丘处机的《西游记》可能是最不为人所知的。

杨景贤的《西游记》和吴承恩的《西游记》内容多有相似，而丘处机的《西游记》完全不是唐僧师徒西天取经的故事，而是一部记述自己西行传道的游记。

确切来说，丘处机本人并没有亲自撰写过《西游记》，撰写者是他的一位弟子，名叫李志常，这部书的全名为《长春真人西游记》。

说到丘处机，看过金庸先生小说《射雕英雄传》的人对他应该都不陌生，其真实形象跟小说《射雕英雄传》中所描绘的有相近之处，颇有些仙风道骨，但并非那种“武艺高强”之人。

从经历上来讲，历史上真实的郭靖与成吉思汗并没有什么交集，但丘处机与成吉思汗的交往却颇为紧密，这部《长春真人西游记》所描写的正是丘处机向成吉思汗传道的故事。

丘处机是继王重阳、马钰、王处一之后，全真教的另一位教主。他执掌全真教时，正值社会动荡时期，金、蒙古、宋等几股势力连年混战，百姓生活苦不堪言。这种民不聊生的社会现状在一定程度上也促进了全真教的发展，越来越多的人希望通过信教来摆脱生活中的苦恼。

百姓想要从虚无缥缈的教义中寻求解脱，帝王则想要从中获得永生之法。年近花甲的成吉思汗虽然仍可以在草原上策马奔腾，但他的内在却早已气弱心衰。当从身旁近侍那里得知丘处机这一神仙般的人物后，成吉思汗大喜过望，急派二十名蒙古骑兵邀请丘处机前来传道。

邀请丘处机传道之时，成吉思汗正率兵驻扎在也儿的石河流域（今新疆额尔齐斯河），准备发兵进攻花剌子模各国，而丘处机则正在山东莱州昊天观传教。

这一趟行程蒙古骑兵不知更换了多少战马，最终用六个月时间到达了莱州昊天观。看到来使的诚意，丘处机便召集了十八名弟子，踏上了漫长的西行之路。

丘处机一行人从山东登州出发，先是到达了燕京（今北京），而后从居庸关北上，来到了克鲁伦河畔。到此，一行人开始折向西行到镇海城，而后又过西南翻过阿尔泰山，越过准噶尔盆地，抵达赛里木湖东岸。其后，一行人穿越中亚的沙漠地带，最终来到了兴都库什山西北坡的八鲁湾，成吉思汗的行宫便坐落于此。

丘处机画像

在近侍的描述下，丘处机是一位活了三百多岁，身具保养长生之术的仙人，但实际上，此时的丘处机已经是一位七十多岁的白发老者。当见到丘处机时，成吉思汗确实感受到了他身上所具的“仙风道骨”，并认定此人必有长生之法。

刚一上来，成吉思汗便开门见山地求要起长生之法来，但想不到丘处机却以一句“有卫生之道，而无长生之药”予以回应。这一回答显然是令人失望的，但丘处机的坚毅与坦诚却赢得了成吉思汗的赞许。

此后几日，成吉思汗一有时间便与丘处机探讨“卫生之道”。从丘处机那里，成吉思汗接受了“节欲止杀”“恤民保众”的思想，并以此建立起元帝国早期的统治思想。

在传道结束之后，思念故土的丘处机准备收拾行囊返归燕京。虽多有不舍，但成吉思汗并没有强留丘处机，而是派出军队一路护送，仅用四个月时间便将丘处机等人送到了燕京。

其后，成吉思汗还将虎符与玺书赐予丘处机，不仅免除了全真教道人的差发、赋税，还让全真教的地位得到空前提高，丘处机也因此得以掌管天下道教。借助于“金虎符”，丘处机还解救了大批被蒙古掠夺为奴的中原人。

公元1227年，成吉思汗因病逝世，丘处机也在这一年驾鹤西去。在丘处机去世后，其弟子李志常将一行人西行的故事经历和传道感悟编撰成书，即《长春真人西游记》，将丘处机的这段传道经历传承了下来。

整部书共有两卷，上卷主要记述了丘处机一行从山东登州出发到成吉思汗行宫觐见，再到中亚名城撒马尔罕传道的故事；下卷则记述了丘处机在当地讲道的经过，以及东归过程中的所见所闻。

这部书对丘处机的生平以及其西行沿途的风土人情进行了详细记述，是研究当时全真教及漠北、西域地区的重要史料，王国维先生也对其内容表达及行文风采给予了较高评价。

第五章　工

商业税超过农业税，元朝的创举

元朝统治者擅长在战马上打天下，但在龙椅上守江山却似乎不算顺利，所以在建立大一统王朝后，元朝很注重借鉴和吸收汉民族的制度和文化。在学习了一系列制度文化后，元朝统治者逐渐探索出了一条适合自身的制度体系，这一点在征税上体现得淋漓尽致。

征税是增加国家财政收入的手段，从国家发展的角度来说，税是必须要征的，但征什么、怎么征这些问题都是要提前仔细考虑清楚的。

我国古代各朝所征之税种类颇多，农业税和商税是主要税种，其余还有盐税、铁税等，统治阶层需要根据不同的需要来设置不同税种的征税税额。另一方面，征得太少没有什么效果，征得太多又会引起社会动荡，“均衡之道”在征税这件事上显得格外重要。

在历朝历代中，农业税都是一大主要的税收来源，但这一点在元朝却并不太适用，因为元朝的商业税超过农业税，成为政府掌控经济的主要税源。但从结果上来看，元朝政府对商业税的征收并没有起到稳固统治的作用，反而急剧加速了元政权的瓦解。

元朝建立之初，统治政策较为开明，不仅不乱占农田，还采取了一些轻徭薄赋的做法。潘耒在《切问斋文抄》卷十五《宋汤公潜庵巡抚江南序》提道："自唐以来，江南号为殷富，宋时亩税一斗，元有天下，令田税无过三升，吴民大乐业。"

元朝的农业税征收仿自两税法，主要有丁税和地税两种，不同民族不同地区的赋税轻重有所不同。元朝佃农的丁税是3石，自耕农的丁税是1石；地税最高时5升，最低时3升。单从这一方面来看，元朝所征收的农业税确实是比较少的。

这种轻徭薄赋的做法让"吴民大乐业"，但对元朝廷来说却并不是一件好事，农业税没办法作为国家财政的主要收入来源，元朝廷就只能依靠其他税种来增加财政收入。

元　佚名　《耕稼图》（局部）

盐税对国家财政的贡献很大，但盐的专卖导致元朝廷没办法通过征收盐税来对全国的经济加以掌控。正是基于此种背景，元朝才开始大兴商业，并着力征收商业税。

元朝商业的繁荣很大程度上源自管控的松弛，这主要表现在两个方面：

第一，元朝廷虽然将人分为四个等级，但这种森严的等级制度多表现在官场之上；放在整个社会中，其实并没有产生太过深远的影响。那些有钱的汉人和南人，有权势的不在少数，而那些没钱的蒙古族人和色目人，卖身成为奴仆的也比比皆是。

第二，元朝虽然推行户计制度，规定各类职业都要编户。比如读书人编为儒户、军人编为军户，猎人编为猎户，工匠编为匠户……户计一旦确定，就不能随意改变，这本是朝廷对百姓的一种管控手段，但在具体执行时，却很少能管理到位，户计之间随意转换俨然成为一种常态。

一些军户或匠户为了维持生计，经常会到各地经商，在积攒了一定资财后，有的人就走上了经商的道路，有的人则开始读书作文、准备科考。商业的兴盛更是进一步摧毁了户计制度，经商在很长一段时间成为元朝人普遍从事的一项工作，原本那些对经商嗤之以鼻的士大夫们，也不得不承认商业的繁荣。

商业的兴盛深刻影响了元朝人的观念，人们不再以读书做官作为人生的唯一追求，经商赚钱反而成为一种新的人生发展路径。终元一朝，不仅出现了一些官商世家，还有许多普通人通过经商积累了巨额资财，金钱至上的观念已经深入到大多数元朝人的内心之中。

根据《元代人口考实》一文所述，元朝鼎盛时期全国人口达到两千三百三十五万户，一万零四百八十三万口。如此庞大的人口数量，无论对经商之人，还是市场需求而言都是相当庞大的。

对元朝朝廷来说，百姓竞相经商的一个好处就是商业税税源充足。从相关史料来看，元朝的商业税并不高，元初时以“三十税一”为基础起征点。忽必烈统治时期，还曾针对上都实行了“六十税一”的税制。相对来说，元朝的商税基本维持在“三十税一”左右，但由于缴税的人比较多，元朝的商业税收入还是颇为可观的。

商业税的收入在一定程度上缓解了元朝朝廷财政紧张的局面，但货币制度的混乱却将元朝带入无法自拔的深渊。

工匠第一，元朝为什么青睐工匠

清朝签订《尼布楚条约》之后，沙俄曾派使节到中国访问，在临走时提出一个要求，就是聘请一百名中国工匠，为此不惜以重金和美女作为交换，结果被康熙皇帝婉言拒绝。而在清朝进关之前，努尔哈赤每一次出征大明、掠夺人口时，最为看重的也是工匠。平民百姓都掠夺为农奴，唯独对有技术的大明工匠非常优待。元朝也是如此。

元朝人为什么会重视工匠?

看来，越是寒冷地域生存的民族越是重视工匠，可能是因为他们本民族因为地理环境原因，无法培育出能工巧匠的缘故。那么，工匠在元朝的地位是怎么样的呢？答案是非常高。如果说元朝代替宋朝，对哪一类汉人是利好消息的话，那就非工匠莫属了。

极为重视儒学的宋朝，对工匠的整体态度秉承了传统文化的

元　佚名　《耕稼图》（局部）

惯性——轻视。士农工商，工匠的地位仅仅比商人高。商人虽然地位低但毕竟有钱，从这个角度看，工匠在传统文化环境中真的是不被人看重。

《尚书》中周武王声讨商纣王的一条罪名为“郊社不修，宗庙不享，作奇技淫巧以悦妇人”，这里就把工匠的技艺比作奇技淫巧，认为会祸国殃民。

但到了元朝，统治者非但不鄙视工匠，反而鼓励百姓成为工匠，甚至会把工匠封为将军、万户侯。元朝曲阳有一位叫杨琼的石匠，他从小学习石雕工艺，技艺超群。史料记载，杨琼的石雕“每自出新意，天巧层出，人莫能及焉”。忽必烈听闻他的技艺后，曾经诏他去大都雕刻。杨琼按照忽必烈的吩咐，用两块石头雕刻了一座石狮子和一个鼎，忽必烈看了之后称赞他“此绝艺也”，然后让他管理燕南各路石匠。此后的三十年，杨琼率领5000余名工匠营造大都。在营造的过程中，忽必烈三次升迁了杨琼的官职，最后将杨琼封为大都采石提举。

为何其他朝代并不重视工匠，元朝却将工匠当作“宝贝”呢？其实，元朝重视工匠的传统，是战争时代留传下来的。原来，草原不产铁矿石，草原人也不会冶炼，不要说冶炼兵器，如果没有工匠，草原人甚至连铁锅都做不出来。没有铁锅等炊具，连吃饭都成了问题，草原人只能使用烧烤方式吃饭。

为了保障正常生活，草原人只好去中原买铁矿石、钢铁，并且将打铁工匠请到草原。而中原王朝并不会轻易放过草原人的死穴，于是他们经常禁止铁矿石、钢铁成品出关，并禁止打铁工匠出关。

不能通过买卖获取铁质材料，草原人只有通过硬抢来获取所需物品。但抢来的毕竟是少数，在草原多风荒寒的气候中，这些物品的“保质期”并不是很长。根据研究，一把刀在草原上顶多可以用五年，一副盔甲的使用期限也差不多是五年。

没有刀剑、钢铁这些“硬家伙”，草原人只能拿削尖的木棍、骨棒来当枪矛，用这些简陋的兵器与中原人的真刀真枪对抗，无疑是以卵击石，这也是草原部落一直比较落后的主要原因之一。

直到成吉思汗时期，蒙古崛起，逐渐能够和金国分庭抗礼，那时蒙古军队的武器和战术迅速走向世界前列。原因有二：一是蒙古人走遍世界的商队换来了大量草原上没有的物资；二是蒙古西征的时候很重视有一技之长的工匠。

史料载，成吉思汗每攻下一座城池，就会留下一些能工巧匠，并强迫这些人挖掘防御工事。据说，成吉思汗在进攻花剌子模的时候，就有汉族和女真工匠参与其中，帮助军队铸造工程机械等。

很多典型的蒙古城市部落还会为工匠单独划出聚居地。也正是依靠这些工匠，蒙古军队的装备才得到迅速改善，草原人才具备了征服世界的物质条件。

在元朝工匠真的能丰衣足食吗?

这样看来，在草原做工匠不仅不会被残酷屠杀，甚至还会有很多优待。那么，如果生活在元朝，是不是就可以依靠工匠这个职业丰衣足食，享受美好生活了？答案是：你可能想多了。

元朝虽然重视工匠，也有杨琼这种曾经封侯爵的工匠，但是工匠在元朝并不意味着就能致富发家。

其一，在元朝如果你选择工匠这个职业，那么不仅你一辈子都要干这个工作，而且你的子孙后代也不可以干别的。

蒙古人灭掉金朝后，曾经在金朝统治下的北方地区，几次“籍民”。他们把各地的工匠集中调到京师，然后将工匠们分类置局，编为匠户，归属为匠籍，并规定匠户要世代承袭工匠。如古籍载，“子女使男习工事，女习黹绣”。

忽必烈建立元朝之后，又把一些地方的匠局迁到大都和上都两地。灭宋后，忽必烈又在江南多次签发匠户。至元十六年（1279），归属匠籍的工匠大概有42万，匠局有70多所。

后来，忽必烈在大都的工部、宣徽、大都留守司等机构下分设有各种匠局，全国各州也开始设立匠局，从事各种手工业劳作。其中官工匠有官府直接管理，子女必须世袭其业。

其二，在元朝做工匠，经常会受到官府的多方剥夺，吃不饱穿不暖。史料载，“官工匠由官府按月支给口粮。一般匠人每户以四口为限，正身每月给米三斗、盐半斤，其家属大口月支米二斗五升，小口并驱大口月支米一斗五升，驱小口月支米七升五合”。

虽然这些粮食对于工匠及其家人来说不算少，但是在发放过程中经常出现官府扣发口粮，私自增加工匠的工作量以及敲诈勒索的事情。因此，很多时候，工匠表面看起来十分风光，但实际上过得并不怎么样。

其三，在地方州县特别是江南地方，在匠局当工匠的境遇可能更惨。这些工匠之前大多数都是乡村中的小手工业者，被元朝廷强征入局后，他们得到的衣物和粮食大多都被当地的匠局官吏剥夺了。可想而知，工匠一家的生活经常没有着落。

更甚之，官府将乡村的工匠征入匠局之后，并不让他们做工匠的本职工作，反而经常让他们做一些抄纸、木工等工作。这些工匠没有办法去匠局工作，只好自己出钱找人代替他们去，当时不少工匠都因此倾家荡产，被迫逃亡。

人们常说“家有千金，不如有一技傍身”，但工匠虽有一技之长，无奈古代等级观念太深，其地位永远低人一等。即使到了重视工匠的元朝，也未必可以有一个好的结局。

如此看来，做一个吃穿不愁的工匠也很难呀！

为什么媒人也被称为“红娘”

某电视剧中一个场景：

术士为武媚娘（武则天）看相，推断此女必将祸乱大唐。武媚娘的父母很是焦急，商量后打算赶快让她出嫁。“明天我就去找个红娘，好歹赶快安排一门亲事。”

估计这个电视剧的编剧历史知识没过关，因为在武则天那个时代，红娘还没诞生呢！

今天我们都知道红娘就是媒人，但如果在大唐，你和别人说起红娘，别人可能真的以为是一位长着红色皮肤的姑娘，而红娘作为媒人的代称那是元朝才有的事情。

古代男女双方要想“结丝罗”“通二姓之好”，也就是结为夫妻，一般都要经人从中说合，这个从中说合的人就叫媒人。

自古以来，媒人在中国的婚姻嫁娶中就起着牵线搭桥的作用。“红娘”被泛指为“媒人”，意味着一定有一个真的为别人牵线搭桥的“红娘”，而这个红娘就出自元代王实甫的《西厢记》。

《西厢记》并非王实甫原创，其前身是唐人元稹的《莺莺传》。到了宋代，《莺莺传》逐渐被风雅文人进一步演绎，赵令畤曾用《商调蝶恋花鼓子词》歌咏这一故事。而到了南宋，《莺莺传》又被民间艺人改编为话本。到了金代，董解元在前人的基础上进一步改编为《西厢记诸宫调》。后来王实甫在此基础上进行加工创造了《西厢记》，这个故事便在民间广为流传。

《西厢记》中有一个重要的人物叫红娘，她本是崔莺莺的一个婢女。当初，元稹在写《莺莺传》时，并没有给红娘安排很重要的戏份，所以很长一段时间里，这位婢女只是一个文学道具。然而，王实甫写出《西厢记》之后，红娘则一举成名。

《西厢记》主要讲述书生张珙与崔莺莺之间的爱情故事。书生张珙和相国小姐崔莺莺在普救寺里一见钟情，但是张珙只是一名穷书生，而崔莺莺的父亲贵为相国，两人的身份存在天壤之别。不过，他们两人并没有放弃，不顾传统势力和他人眼光，共同挣脱礼教的束缚，最终在侍女红娘的帮助下，两人相恋，私定终身。崔母发觉后，想要拆散两人，但红娘为两人据理力争。崔母害怕家丑外扬，只好承认他们的婚事，但要求张珙立刻上京应考。后来，张生中举归来，两位有情人如愿终成眷属。

从故事来看，红娘并不是莺莺和张生初次会面的“介绍人”，而且根据以前话本的描述，红娘并不是一个好管姻缘的人。那到底是什么让红娘卷入了张珙与崔莺莺的婚姻中，由旁观者变成了“热心”的媒人呢?

其一，红娘感念张生的恩情。《西厢记》第五本第一折载，

“我想咱们一家，若非张生，怎存俺一家儿性命也？”原来有一次，崔莺莺在普救寺与张珙约会时，孙飞虎派兵包围普救寺，要将崔莺莺掳去为妻，并口出狂言：三日之内若不交出崔莺莺，“伽蓝尽皆焚烧，僧俗寸斩，不留一个”。面对如此变故，崔老夫人当众宣布：“但有退兵之策的，倒陪房奁，断送莺莺与他为妻。”张生听后欣喜若狂，立即修书一封，请来白马将军，退去贼兵。

其二，红娘不满老妇人忘恩负义，过河拆桥。《西厢记》第三本第四折载，“这是俺老夫人的不是，将人的义海恩山，都做了远水遥岑。”

张生救了崔莺莺一家，按照老妇人的诺言来说，两人的美满姻缘指日可待了。然而，崔老夫人后来却出尔反尔，在庆功宴上悔亲赖婚。崔老夫人的行为不仅伤害了张珙和崔莺莺，更激起了小丫鬟红娘极大的不满。从那以后，红娘不再监视张、崔二人的举动，而是坚决地帮助他们促成好事。

明　闵齐伋　六色套印《西厢记》版画

其三，红娘认为张珙与崔莺莺郎才女貌，是天造地设的一对。《西厢记》第四本第二折载：“秀才是文章魁首，姐姐是仕女班头；一个通彻三教九流，一个晓尽描鸾刺绣。”

红娘原本是崔老夫人的“卧底”，负责监视张、崔的两人的一举一动。但是，红娘发现张珙一表人才，相貌堂堂，与她家美貌动人的小姐十分般配，她心想两人如此般配，何不成全这对良缘。

于是，红娘后来成了张崔的传音筒，替他们互相传情，并帮助张珙出谋划策。最终，在红娘的帮助下，张珙与崔莺莺终成眷属。

纵观整个故事，红娘虽然并不是张珙与崔莺莺传统意义上的媒人，但是她是这段姻缘中的关键人物。依靠她的聪明伶俐、妙语连珠的美好形象成就了一段良缘，这种做法无疑和媒人有着异曲同工之妙。由于《西厢记》文学成就斐然，在社会上产生了巨大影响：上至文人学士，下至平民百姓都喜爱这个故事。

这就是后来，社会上从事婚姻介绍工作的人，或者偶尔担任这一角色的牵线搭桥者自称“红娘”的原因。再后来，“红娘”这个词逐渐被越来越多的人所熟知，最后便成了媒婆的代名词。

元朝公务员

最没幸福感

朝九晚九，一周工作六天，现代程序员抱怨的“996”，在元朝公务员眼中简直就是“福报”。不论是跟现在的程序员相比，还是跟其他朝代的公务员相比，元朝的公务员都是过得最不幸福的那个。

在休假制度上，元帝国并没有延续宋王朝的制度，元朝公务员也因此失去了“最幸福公务员”的机会。拿底薪，常加班，在很长一段时间成了元朝公务员的职场写照。

元朝最初规定，官吏在每月十日、二十日、三十日可休假，即每十天休假一次，这与唐宋时期的“旬假”基本相似。

这样看来，元朝政府似乎并没有克扣公务员们的假期，但从另一个角度来想，让这些习惯了在大草原上策马狂奔的公务员们每月只休息三天，简直就是“扼杀”员工的个性创造力。

就这样践行了一段时间“每月三天”的休假制度后，帝国统治者似乎也承受不了这种高强度的工作，开始将日常休假制度改

木氏宗谱　阿琮阿良

木氏宗谱　阿胡阿烈

成了“每月休息五天”。于是每月的初一、初八、十五、二十三和乙亥日，便成为元朝公务员们最快乐的时光。

要说快乐，每月休五天确实要比每月休三天好，但要谈幸福，每月五天假还是不够的。更何况，帝国统治者在颁布新的日常休假制度的同时，还颁布了“在旬假期间不得杀生，放假在家不能吃新鲜鱼肉”的规定，如此一来，不能享受美食的元朝公务员们的快乐瞬间就减少了一半。

其实，除了每月的旬假外，元朝公务员们在法定节假日也可以休息。根据元朝政府的规定，京府州县的官员，在天寿、冬至时，可以休假两天；在元正、寒食时，可以休假三天；在七月十五、十月一日、立春、重午、立秋、重九，可以休假一天。看起来还不错，为什么元朝公务员还不满足。别急，您往下看。

“天寿”指的是皇帝的生日，即使是这样举国同庆的日子，元朝公务员们也仅有两天休假时间：匆匆忙忙参加完皇帝寿宴，就得赶紧准备第二天的工作，这样快节奏的生活，怎么能有幸福感呢?

“元正”指的是春节，一年之中最为重要的日子，也是假期最长的节日之一。然而朝廷在这几天要举行朝贺大礼，官员们自己家也要进行贺新年的安排，其实这三天基本上无法休息。在第四天上班后，元朝公务员们甚至要比放假前更为乏累，所以这个春节过得也没有幸福感。

“重午”即端午节。元朝政府对这一节日颇为重视，各衙门会向皇帝进献彩索、珠花，民间市场也会出售各类玩物，南方河流较多的地区还会举行龙舟比赛。这一节日的热闹程度是足够的，但仅能休息一天，多少会让人产生意犹未尽的感觉。

可能让元朝公务员产生幸福感的节日是清明节：三天小长假，足以媲美春节。由于清明与寒食的日子比较接近，古人在很早之前便将两个节日合二为一了。元朝人所说的寒食节，就是我们今天所过的清明节。

在寒食节这一天，不准动烟火，只能吃凉的食物。到了清明这一天，人们纷纷前往墓地去祭拜先祖。元朝政府会选派一部分公务员参与皇家祭祖活动，在享受这一至高荣誉的同时，他们也就失去了与家人共同祭祖的机会。

除了这些固定休假外，出于人性化管理的考量，元朝政府也准许官员们请假。其实这种制度在汉唐时便已经发展起来，元朝政府只不过是进一步完善。

元朝公务员可以请的假主要有病假、事假和丁忧假，但是如果请假时间超过三天，就需要写请假条“曹状”，并上交到中书省御史台殿中司，审核通过之后，才能安心休假。如果没有写请假条，又没有去上班，那公务员们就要遭到处分，并被罚减俸禄。

在这种严格考核考勤的情况下，元朝公务员想浑水摸鱼都无法实现。想想前朝公务员们每年100多天的休假，元朝的公务员只能默默盘算着如何更好地利用自己的50多天假期。要知道，当时人们出行的交通工具毕竟有限，也比不上现代出行工具的速度，耗在路上的时间很长，这更降低了公务员休假的幸福感。

忽必烈上朝用“翻译官”吗

日本乒乓球女将福原爱，以一口标准的中国东北话走红网络，据说在国际比赛采访时，日本媒体采访中国球员都是让福原爱来做翻译的，看来多掌握一门语言真的很重要。

在蒙文与汉文并行的元朝，人们也有这样的语言障碍。民间汉人与蒙古族人联系紧密，他们使用的语言无所谓汉文还是蒙文。但是在朝堂之上，汉人和蒙人济济一堂，他们之间该怎么交流呢？是不是也需要翻译官呢？

中国的历朝历代，不管皇帝是否勤勉，朝会接见大臣是每个皇帝必需的一项“功课”。然而元朝仿佛是一个例外，有很多学者认为，元朝朝堂是没有常朝的，元朝的皇帝不必每天按时按点地坐在皇位之上听群臣奏报国家大事。

因此，有人认为，忽必烈可能不会汉文；所以不能听懂汉人的语言，才导致他不设常朝。

但是，不举行经常性的朝会可以，不见大臣就不可能了，尤

元　赵孟頫　《成吉思汗骑马图》

其是商议南方事务的时候，忽必烈是必须要听取汉人尤其是南方汉人的意见的。

想来当忽必烈坐在宝座上和大臣商量事务时，听着下面一会儿湖南口音，一会儿江浙口音，连汉语都说不利索的他，恐怕是无比头大的。因此，翻译官必须得有。在元朝文献史料中，忽必烈的“翻译官”被称为“怯里马赤”。

“怯里马赤”是古蒙古语，相传成吉思汗西征的时候，就任用过多个民族的“怯里马赤”。大元建立之后，“怯里马赤”也就成了朝堂上的常设职务。

文献记载：“元臣故老，奉朝请者，上所存问，及有欲言，皆由公传达。”这个“公”就是“怯里马赤”。

不过，有的时候“怯里马赤”也并不一定称职。国子学祭酒耶律有尚在《考岁略》中写道：“先生（许衡）每有奏对，或欲召见，则上自择善译者，然后见之，或译者言不逮意，上已领悟，或语意不伦，上亦觉其非而正之。”

这段话的意思是，国子学祭酒许衡与忽必烈会面，忽必烈虽然会带翻译，但是如果翻译得并不恰当，忽必烈又能及时给予指正。正牌翻译官居然需要被服务者纠正，可见当时精通汉文化的翻译人才短缺。

不过，这段话也从侧面反映出，忽必烈其实是能听懂汉文的，他并不是一个“不习汉文”的皇帝。

在元朝朝堂之上还有另外一种职务，他们也需要用到“怯里马赤”，那就是“陪奏怯薛”。“陪奏怯薛”也是古蒙古语，意思大致相当于皇帝亲密卫士。这个官职放在唐宋年间，充其量只能算是一个保护皇宫的守卫，但是在元朝他们却是殿前议事的重要参与者。

蒙古族人虽然占领了中原，但是他们在人口上远远不及汉人数量庞大，为了培养蒙古族人才，忽必烈便允许一些蒙古族守卫参与政事讨论。这时候翻译便派上了用场，每当汉人朝臣发言，翻译便将汉语翻译成蒙古语复述一遍，这样一来，朝臣和“陪奏怯薛”便都能听懂汉臣上奏的内容了。

放到今天，“怯里马赤”这个官职可以说是为元朝创造了无数个就业岗位。在那时，元朝中央机关当中不通汉语的蒙古族人，不通蒙语的汉人，朝廷都会为其配置“翻译官”，只不过他们的职位名称分别是“怯里马赤”“译史”“通事”等。

元朝的朝堂尚且如此，更不用说全国范围内的地方蒙古官吏。地方官员的语言障碍如何破除呢？自然是上行下效，也配置“翻译官”。有人粗略统计《元史》当中记载的翻译官职，发现仅中央政府的“翻译官”，数量就多达三百余人。按照这个比例，加上地方官员的“翻译官”，人数恐怕要突破万人。

不过，让人欣慰的是，这样的翻译“盛况”并未持续太长时间，随着时间的推移，蒙汉文化已经渐渐融为一体，越来越多的汉人、蒙人，在生活琐碎和国家强制力逼迫下逐渐学会了彼此的语言，翻译官最终退出了元朝朝堂，成为历史。

银行不是万能的：
“通货膨胀”要了元朝的命

元朝的纸币流通制度

在社会生活中，如果出现一般的物价上涨，老百姓勒紧裤腰带还是能把日子过下去的。但如果出现通货膨胀，甚至是恶性通货膨胀，那老百姓可能会摘下裤腰带来造反。在元朝，失败的经济改革所带来的恶性通货膨胀便成为老百姓揭竿而起的重要原因。

在无法“刷脸支付”的古代，人们只能揣着银子外出，到了宋代，“交子”“会子”的出现让人们有了新的选择，揣着一叠纸钞，总要比拿着一袋银子方便得多。

宋代登上历史舞台后，纸币并没有完全取代金银铜钱而大放异彩；但到了元朝，这种形势开始有所转变，在元朝政府的推动下，纸币开始逐渐广泛流通起来。

公元1260年，元朝政府开始发行中统宝钞，面额从“十文”到“二贯”，划分了十个等级，看上去对标的是钱文，但实际上却是以银作为单位。持有宝钞的百姓可以用一定数额的中统宝钞

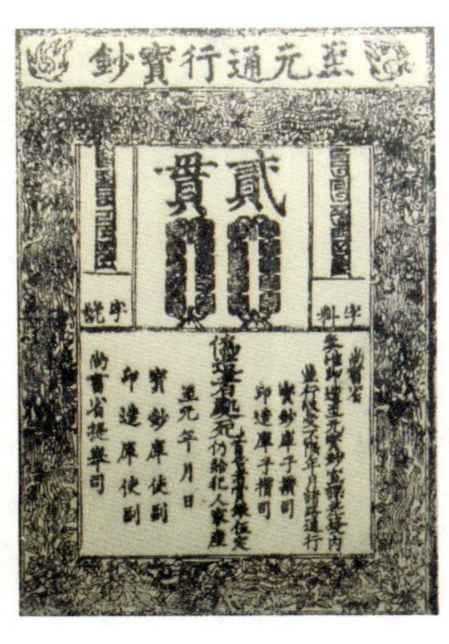

至元通行宝钞

兑换成相应数量的白银，这可以看作是一种银本位的金融体制。

元朝政府选择发行纸币，并不是为了让老百姓更方便地购物，而是为了促进商贸发展，补充军费开支。金、银、铜等金属的严重缺乏，让纸币成为替代金属货币的唯一选择，正是基于这些考虑，元朝政府才开始大力推动货币改革，也正是只考虑了这些问题，元朝社会后期才会陷入严重的通货膨胀之中。

在中统宝钞发行之初，因为政府信用较好，兑换白银也比较方便，许多元朝人纷纷接纳了这种全新货币。又因为政府严格控制纸币的发行数量，保持纸币与库存白银的均衡，使得这一时期并没有出现通货膨胀现象。

可以说在这一时期，元朝已经建立起颇为完整的纸币流通制度，这在中国乃至世界都是一种创举。但随着国家的发展以及战争的需要，元朝政府又进行了一系列货币改革，宝钞不可兑换现银的规定让宝钞制度开始走向歧途。

恶性通货膨胀

元朝中期，伴随着一系列战争而来的庞大军费开支让元朝政府倍感压力，为了弥补财政开销，元朝政府大幅提高了中统宝钞的发行量。一下子，纸币的发行量严重超过库存白银，通货膨胀也就开始出现了。在当时，一些地区的百姓使用几百贯宝钞还买不起一斗小米，可见通货膨胀有多么严重。

按理说，出现了这种情况，就不能再继续印钞了，但元朝政府并没有想那么多，一下子又发行了300万锭宝钞。这样一来通货膨胀就更严重了，原有的宝钞肯定是没法用了，再印就要印新的宝钞了；很快元朝政府开始发行新的至元宝钞，与旧有的中统宝钞同时流通。

新宝钞带来了旧宝钞的贬值，却没有遏制住通货膨胀的趋势，为了保证新宝钞的币值，元朝政府下令禁止银铜货币流通，违反者将被处以重刑。

物价飞速上涨，单纯靠发行新钞是无法解决的。公元1309年，元朝政府通过改革将至元宝钞贬值一半，把通货膨胀的压力转移到使用宝钞的人身上，这一举动严重损害了政府信誉，埋下了农民起义的祸根。

靠着宝钞贬值强撑几年后，通货膨胀的问题依然没有得到解决，但元政府的国库却早已空空如也。把经济问题向后推，至少让自己顺利度过任期，成为元仁宗在这一问题上的唯一念想，无可奈何之下，元仁宗只得继续大量印钞。

这种以新钞压旧钞，摆脱财政危机的方法在前面几位祖宗那里已经被证明不可行，但元仁宗似乎也只能学着祖宗的方法来个“饮鸩止渴”，能拖一天是一天。但让他没想到的是，这次新钞发行遭到了广大百姓的强烈反对，不仅变钞目的没有达到，政府信誉反而又折上了几折。

百姓们虽然不知道自己手中的钱是如何被政府侵吞的，但有钱买不起米的痛楚却是实实在在的。无休止的通货膨胀和没完没了的印钞政策让百姓忍无可忍，最终引发了一系列地方起义。元朝末年全国各地的农民起义，很多是由此引发的。

第六章　学

官方文字，蒙古人自己都不爱用

中国人惯用方块汉字，孩童自牙牙学语之时，便开始学习汉字。这种千百年来人们惯用的文字，却不是唯一的中华文字。作为一个推翻汉族统治的刚猛民族，蒙古族与汉族完全不同，在他们眼中，汉人崇尚的礼制分毫不值；就连蒙古族人使用地官方文字，也是在元朝建立前夕才被发明。

蒙古畏兀字

八百多年前，英勇好胜的成吉思汗前往讨伐乃蛮人，抓回了当时乃蛮的掌印官塔塔统阿。塔塔统阿虽然被成吉思汗困住，但是却始终不肯交出印信，生性豪爽的成吉思汗十分钦佩塔塔统阿的勇气，于是便将蒙古国的印信也一并交由他掌管，并且希望博学多识的塔塔统阿能够教授蒙古太子、官员识字。

塔塔统阿被这位蒙古王者感动，应允了成吉思汗的请求，为了能够让蒙古族有统一的文字，他开始以畏兀字编写蒙古语。最

蒙古畏兀文字图

原始的蒙古文字便在塔塔统阿的手中诞生，这种文字被后人称之为蒙古畏兀字。在这之前，蒙古人一直以来都是在木头上雕刻记事，从未有过文字记录。

蒙古畏兀字的出现在一定程度上改变了蒙古人的文化轨道，

蒙古人开始从上到下学习书写文字，彪悍的民族渐渐出现了一些文化气息。很多不曾使用过文字的蒙古统领，开始用蒙古畏兀字记载诏令文书，他们甚至还将《孝经》翻译成了蒙古畏兀字学习。相对于之前，这是一种前所未有的改变。

最初，蒙古畏兀字的书写方式与传统的汉字书写方式完全不同：传统的汉字书写采用的竖向书写法，而蒙古畏兀字采用的是横向书写。随着时间的推移，这种古老的蒙古文字逐渐被汉字的书写方式所同化，亦变成了竖向书写。

现存的蒙古畏兀字遗留物中，能够找到的最古老的蒙古畏兀字真迹，是苏联列宁格勒遗存的1225年成吉思汗石文字五行，现今它被收藏于俄罗斯圣彼得堡埃尔米塔什博物院。

国内最早的畏兀字是在河南济源发现的紫微宫碑蒙古畏兀字三行，除此以外，北京故宫博物院内也藏有蒙古族人翻译的《孝经》。

八思巴字

既然是蒙古族最初的文字，它一定被蒙古人高频使用吧！其实并非如此，蒙古畏兀字在古代蒙古族内的历史并不长久。这种特殊的文字在蒙古族当中只有少部分人熟知，且它的拼写字母只有20个，不足以满足日益增长的交流需求。忽必烈创立元朝之后，便命令国师八思巴另外创造一种文字，也就是元朝官方指定文字——八思巴字。

虽说八思巴字是八思巴所创，但是这种文字也并不是这位国师的原创。八思巴字的“版权”应当归属于藏文，八思巴只是对藏语字母进行了一些改造。但是不可否认的是，它的发明，对于蒙汉文化的交融也起到了一定的积极意义。

这种新型的蒙古文字其有着独有的特点：

在写法上，八思巴字借鉴了汉文的书写方法，采用的是自上而下，自右而左的书写方法。

在拼写上，八思巴字比蒙古畏兀字多了20个字母，既可以用作拼写蒙文，也可以用于拼写汉文，在功能上可谓是一举两得。

这种官方文字，在元朝统治期间占据了国家发布的全部文字记载的事物，如文告、法令、印章等，并且还被人们用来翻译汉文经史典籍，以供元朝的贵族子弟学习。

自此之后，蒙古族便有很大一部分人开始使用八思巴字，这在一定程度上也证实了国家统一力量的强大。

但是这掩藏不了八思巴字本身存在的一些问题。毕竟天下事物不可能完美无缺。

虽然八思巴字在功能上更为强大，但是在拼写汉文时也有一些缺憾。由于要兼顾两种文字的拼写，八思巴字在拼写汉字时常常会导致词语的割裂，反而使得字词的意思更不容易被人们识别。

也正是这一原因，在元朝后期，按官方规定八思巴字又重新被蒙古畏兀字所替代，成为元朝人们书写的主流文字。

元朝近百年的历史当中，这两种文字争抢着主导的地位，虽然八思巴字夺得头筹，成为元朝当之无愧的官文，但是蒙古畏兀字却经过了蒙古族人近千年的改良变革，成为人们使用的传统蒙文。

不过元朝之后，这种昙花一现的新文字也随着历史的变迁被众人遗忘，汉字又重回主导地位。但是不可否认的是，它们的存在确实给中华文化留下了不可磨灭的痕迹。

元朝人办教育，官员也有KPI

当下有些影视剧，讲到古代的学习生活时，似乎古代的贵族少爷们不需要被人逼着学习，也没有各种各样排满时间的兴趣班，更没有考试、才艺比拼；无非每天逛逛街、撩撩妹，等着到了年纪就可以当官，这样的人生真的是太爽了。

但影视剧终归是影视剧，如果真生活在古代，这样的生活是不存在的。即便在中国古代生活最洒脱、文化氛围最淡的元朝，读书学习也是每个贵族少年的必修课。他们不仅要读书，更要读出成果。为了检验整个国家的教育质量，朝廷甚至给教育官员设置了绩效考核。

学子的入学资格及要求

虽说豪放洒脱的元朝人喜欢吃羊肉、喝奶茶，但是在教书育人上，他们可丝毫不含糊。

先说元朝教育机构的设置。国子学毫无疑问是最高的教育机构，除此之外，还有地方乡学、书院、社学等学府。看教育首先要看最高教育，而在国子学里学习的学生又大都是元朝贵族子弟。从他们身上，我们便可以管窥元朝教育的严苛。

在元朝建立之初，贵族子弟需要在国子学当中学习儒家经典，而此时大多数人接受的汉文化还不彻底，因此，国子学中教授的儒家经典多是被翻译成蒙古文的。到了元成宗时期，因为皇帝对帝国教育的重视，国子学里又设立了回回学，方便贵族子弟全面了解自己的帝国。

回回国子学的成立其实也是实属无奈：蒙古族在南征北战之中征服了许多西域国家，因为帝国疆域越来越大，蒙古族人数量有限，且对南方汉人始终保有戒备心态，蒙古统治者便将这些国家的人才悉数纳入了元朝朝廷。

这些被征服地区的文人既然在元为官，便要为自己的民族争取一些容身之地。于是他们常年向皇帝上书，请求朝廷专门建立一个研习他们民族的专属文字：亦思替非文字（波斯文）。而蒙元贵族也考虑，如果不了解他们的文字，万一这些遍布帝国的大大小小异族官员在下面搞阴谋，人数有限的蒙古族人怎么管理呢？于是，双方的诉求达成了一致，外国语终于走入了国子学的课堂，但这可就苦了蒙元的贵族子弟。皇帝从当朝的官员、民间富裕之人中选择了数名子弟，进入回回国子学受教，而这些贵族子弟如果学习成绩不好，不能够掌握回回语，则要受到非常严厉的处罚。

元　钱选　《锦堂图》（局部）

教育官员的任职及考核

教育部门严苛要求学生，那么教育部门本身是否过硬呢？答案是肯定的。元朝国子学的主管官员称为国子祭酒，也是学校校长。在当时，想当上国子学祭酒首先就必须是一位文士大儒，不仅需要精通蒙古文字，还要熟读儒书经典。光有这些还不够，国子学祭酒还得有过人的教育才能，出色的沟通能力，还要获得礼部领导的认可。

要求如此严格，元朝朝堂谁能担此大任呢？元朝第一任国子学祭酒是一位叫作许衡的大学士。许衡是北方汉人，自小就熟读经书典籍，成年之后更是才华过人，忽必烈在定都大都之后，听闻有这样一位能人便召其入朝，认命他为集贤大学士兼任国子学祭酒。

许衡办教育，秉持的是“乐育英才，面教胄子”的宗旨，他门下的学生，既有蒙古子弟，又有汉人子弟。这些学子在许衡潜移默化的指导下，个个都成了当代尊师重道的优秀儒生，有的人还“致位卿相，为一代名臣”。

国子学祭酒掌管着偌大的国子学，自然是分身乏术，所以祭酒有两位教学“助手”——司业和国子监丞。司业负责协助祭酒主管教务训导事物。国子监丞负责国子学的日常管理，它的下属官职有典簿一人、令史二人，译史、知印、典史各一人，各自负责自己的“一摊子事”。

除了管理层之外，最为重要的是国子学的教官，诸如博士、助教、学正等。博士是教学工作的主力，但是他们并不是每天都在国子学中授课，作为最高一级的教官，他们主要是负责定期讲座，考核学生的学业完成情况；助教、学正、学录才是负责教育工作的主要人员，每日他们都来到国子学为学子授课，同时也负责博士讲学内容的解释工作，可以说，他们才是教书育人中最重要的一环。

那么有哪些人能够担此重任，成为教书育人的老师呢？国子学当中的老师，可以由朝廷官员推荐。朝廷的名人文士，可以向皇帝举荐自己认为合适任职国子学教官的人选，一旦皇帝认为官员适合国子学老师的职位，便会批准这些人到国子学任职。

除了朝廷官员举荐，地方官员也可以推荐地方知名人士入职国子学。朝堂官员常常需要到各地出任地方官，他们也可以尽自己的绵薄之力，比如将自己在地方发现的儒学名士推荐到大都，让他们担任国子学教官。

官员所拥有的举荐特权，国子学的“校长”同样具备。元朝第一任国子祭酒许衡，曾经培养了一批学术渊博的弟子，在他因年迈退出教育界时，他的许多弟子均出任了国子学助教。这些弟子之中，有些人还曾出任了祭酒、司业等职位。

当然，最后还有一种方法进入国子学，就是成为国子学的优秀学生。同现代类似，国子学的老师，许多都是国子学中的优秀毕业生。元朝国子学当中有位孟泌老师，他在国子学读书时学习优异，他一毕业就被任命为国子学的老师，自此走向了辉煌的教育事业。也就是说，国子学当中的优秀学生，是极有可能被“留校”的。

不过，出任国子学教官并不意味着可以一劳永逸，在这个教育职场上，教官们也面临着升官贬职，也需要进行“绩效考核”！

教官绩效考核主要是由监察御史负责，他们评价教官的标准，是其教育出的合格学生的数量。教官的考核结果不合格，轻则给个机会再试一试，重则回乡种田，从此远离教育界。这样看来，在元朝国子学任职也并不是一件轻松的事情，恐怕这些教官日日夜夜思考的都是如何才能将学生培育成才，免除回家种田的吃罚！

可能也是基于这样的教学模式，使得汉蒙文化得到了迅速融合，蒙古族人迅速地接受了汉文化，在汉人和蒙人的文化碰撞下，元朝为中华历史留下了一份璀璨的答卷。

元朝学校里面讲什么语言

这孩儿每学得汉儿每言语文书会也，你每那孩儿亦学底蒙古言语弓箭也会也。粘哥千僧奴底孩儿亦一同学者，若学底会呵，不是一件立身大公事那甚么！

文言文学得好的同学应该能勉强看懂上面这段话的意思，如果能再懂一点蒙古语，那应该就能把这句话的意思猜得八九不离十了。

为什么说“猜”呢？因为上面这段话严格来说既不能算汉语，也不能算蒙古语，只能说是一种有蒙汉结合特色的语言。现在这种语言已经不多见了，但在元朝时，这可算是一种官方通用语言。

上面这段话出自元太宗窝阔台所发的一道圣旨，他想让蒙古族子弟学习汉语文字，汉人子弟学习蒙文射箭，其他各族子弟也都这样去做，如果大家都能学会，那就真是一件大好事了！

看得出，元太宗本人是很支持蒙古人学习汉语的。为了更好地贯彻这种理念，他还曾下令，如果有蒙古族学生在学校里面胆敢讲蒙语，便会遭到责打，说一次要挨一板子，说两次就挨两板子……

学校到底说什么语言

从免遭板子这种角度来考虑，蒙古学生们应该也会自觉去学说汉语了。只不过大多数蒙古学生所说的汉语都不那么正规，这就像日本人说英语或汉语一样，“你的，前面带路的干活”，与之类似的表述也可能会从元帝国蒙古学生的口中说出来。

按理说，蒙古人在统一全国后，开办学校要培养的自然是顺应元帝国统治的臣民，所以无论他属于那个民族，那蒙古语都应该成为官方主要的教学语言。但为什么元朝学校并没有强制学生都学习和使用蒙古语，反而还要求蒙古学生多说汉语呢?

在这一问题上，元朝的情况是颇为特殊的，在不到百年的统治时间里，元朝宫廷内部的争斗是非常激烈的。元朝的帝王们可并不像宋朝帝王那样愿意去遵循“祖宗之法”，说不杀文人就不杀文人，说不内斗就不内斗。这也就意味着如果前一任帝王与后一任帝王的执政理念不相符，那元朝的各项政策就会随时更改。

在推广蒙古语还是使用汉族语言这一问题上，元帝国中很多帝王的意见就不统一。自元世祖忽必烈之时，元帝国便开始大肆进行汉化改革，这之中就包括学习汉族语言，一直到元仁宗时，这种改革都颇为顺利，但在仁宗、英宗之后，尤其是泰定帝即位后，汉化改革便变得举步维艰，从皇帝到大臣都很反对进行汉化。

对于那些愿意推动汉化的帝王来说，不强制学校在教学中使用蒙古语是一种正确的做法，至少对于笼络其他各族百姓的人心是有帮助的。元太宗的“板子令”就是出于这种考量而制定的。

元代官吏肖像图

蒙古学生在学校中学汉语，汉族学生不也在学校中学蒙语吗？那为什么元朝校园中盛行的不是蒙语，而是汉语呢？

其实，在元朝森严的等级特权制度下，蒙古人处于特权金字塔的顶端，除了那些真正向往汉文化的蒙古人外，大多数蒙古族人对于汉语还是颇为抵触的，与此同时，他们对那些想要学习蒙古语的汉人也是颇为抵触的。

当然，这之中也有一些蒙古人认为汉人学习蒙语是对蒙古文化的向往，而不是想以此作为敲门砖，混入到特权阶层之中；但对大多数蒙古人来说，异族学习蒙古语并不见得是件好事。所以在元朝推行蒙古语这事也就一直没能实现，同时这也与蒙古语在当时还并不成熟，始终在不断修改调整有关。

如此一来，在元帝国的校园中，蒙古人和色目人虽然处于高人一等的阶层，却依然要苦苦学习汉民族的语言。而那些渴望在元帝国中寻得一官半职的汉人们，便要千方百计学习蒙古人的语言和文字。

满足多元文化交融的学校教育

在元代的教育体系中，从中央到地方有各种不同类型的学校，中央主要以国子学为主，有国子学、蒙古国子学和回回国子学。这三所学校的授课内容是完全不同的，蒙古人、回回人和汉人可以在这三所学校中，依据自己的需要选择其一就学。

国子学是专门学习汉文化的学校，汉民族语言自然是这里的通用语言，在这所学校中，蒙古学生的比例最高，百人之中，蒙古人能超过半数。儒学教育是这里主要的教育理念，“四书五经”是学生们要学习的主要内容。

蒙古国子学中依然以蒙古学生为主，数量也要占到学生总数的一半以上，剩下的便是色目人和汉人。这所学校主要教授翻译蒙古语版《通鉴节要》。能够精通这门课程的学生，可以凭此在朝廷中谋得个一官半职，这也成为大多数汉族学生选择这所学校就学的主要原因。

回回国子学主要教授亦思替非文字，这是元帝国对阿拉伯语的官方称谓，这所学校在当时相当于现在专门的外国语学校，主要培养对外人才。但相比于前两所学校来说，这所学校的受欢迎程度并不是很高。

地方上，路学、府学、州学、县学等，都是教授入学教育的学校。这些学校都以汉语为主，是元帝国汉化政策的重要组成部分。除了这些教授通识教育的学校，当时各地还有一些教授单一学科知识的专业学校，比如教授医学的学校、教授阴阳学的学校等。这些学校都由汉人教学，汉语依然是校园通用语言。在一些偏远的农村地区，社学的兴起让农村子弟在农闲时分，可以接受基础的汉文化教育，对元朝的农村文化发展产生了较大影响。

除了这些普遍使用汉语的地方学校，还有一些使用蒙古语、教授蒙古字学（八思巴蒙文）的学校，这些学校兴办的目的主要是为了传播和普及蒙古语言文化。

许多汉人从自身发展的角度考虑，选择进入这类学校学习，相比于接受传统的儒学教育，倒不如学一些用得到的官方语言文化，实在没得出路，还可以给那些不愿意接受汉文化的蒙古人做做翻译工作。

在如此多元化的学校教育下，蒙古族人逐渐被汉文化所同化，汉人也慢慢接受了蒙古族人的文化，一些汉人自觉地为自己取蒙古名字，穿戴蒙古服饰，遵循蒙古的婚姻和丧葬制度，各民族的文化就这样交融在一起。

试想一下，如果元帝国的国祚再长一些，那现在的蒙古文化和汉族文化可能又会是另一种景象了吧！

元朝读书人的待遇
是好还是坏

古书中的元朝读书人

走在元朝的大街上，遇到乞丐乞讨时语调和缓，时不时还说出几句“之乎者也”来，可不要惊讶，因为你面前的这个乞丐很可能是个饱读圣贤书的人。

“在宋朝读书如在天堂一般，但到了元朝，却如跌入地狱一样。”上述这种关于元朝读书人处境遭遇的论述，多源于“九儒十丐”这种说法，但在真实历史中，元朝读书人的境遇其实并没有如此不堪。

“九儒十丐”这种说法在《心史・大义叙略》和《叠山集》卷二的《送方伯载归三山序》中都有出现。

《叠山集》是南宋官员谢枋得的作品集。他曾率兵抵抗过元军，在宋朝灭亡后，又多次拒绝元朝的征召，最终绝食殉国。在《送方伯载归三山序》中，他提到宋末元初时，多拿儒生来开玩笑，才有了“七匠八娼，九儒十丐”的说法。

而《心史》这部作品虽然明确提到了元朝统治者将人分为十个等级，读书人列在第九等，而乞丐列在第十等，但这一内容的可信度却并没有那么高。

一方面是《心史》所记述之事多有违史实，难以取信；另一方面这部书所记述的内容同样为宋末元初之事，当时元帝国在全国的统治尚未稳固，许多政策也未正式定型，所以仅依靠这部作品是没法去判定整个元朝读书人的真实待遇。

既然“九儒十丐”的说法站不住脚，那元朝读书人的待遇究竟如何呢？要了解这一问题，还需要清楚元朝的“诸色户计”制度。

宋末元初读书人的选择

元朝的“诸色户计”制度将全部人户以职业、民族和宗教的不同，划分为数十种“户计”，比如军户、民户、匠户、儒户等。不同的“户计”享受不同的待遇，同时也要承担不同的义务与责任。“户计”不仅规定了元朝人能做什么，该做什么，不能做什么；能做的可以做，也可以不做，这是一种权利；而该做的就要必须做，这是一种义务。

这里提到的“儒户”就是读书人。蒙古灭金之后，对儒户实行了免征劳役的优待政策，这大大减轻了读书人的生活负担，许多读书人凭借着自己身份，开始了四处游学的生活。从这一方面来看，当时读书人所享受的待遇还是颇为不错的。

除了这一优待外，元朝廷还曾大肆选拔读书人来担任儒学教官，这使得很多读书人有了施展自己才华的平台。一些读书人正

元　赵孟頫　《自写小像》

是靠此才顺利走入官场，完成了从“儒”到“官”的身份转变。

从上述这些优待政策来看，元朝读书人的生活境遇似乎并没有“九儒十丐”所描述的那般不堪，很多时候，他们的境遇要比普通百姓好上许多。但如果我们再将“元朝读书人”这个概念细分一下，单纯去看那些“南渡”读书人的境遇，“元朝读书人待遇好”这个结论可能就没那么准确了。

有宋一朝，举国上下尊崇儒教，读书人甚多，这个文官当道的朝代拥有一大批文人儒士。宋王朝还存在时，他们有的在朝堂上指点江山，有的在村野中开坛讲学，有的在家享受田园时光，有的外出云游四海，生活质量不可说不高。

在元军南下之后，宋王朝大厦将颓，板荡之际，宋代的文人儒士们不得不做出自己的选择。忠宋、仕元、归隐，这就是宋代文人儒士们给出的答案。

在抗元斗争中，一大批文人儒士走上战场，宋亡之后，他们不愿归顺元朝，身死为忠宋。文天祥、谢枋得、郑思肖便是其中的典型代表。

有坚决抵抗的，自然也会有望风而降的。江山虽然易主，但自己努力争来的地位和权力却不能白白丢掉，进士方回便以“迎降于三十里外”获建德路总管一职。还有一些文人儒士纷纷北上大都，想尽办法结交元帝国的权贵，为的就是能够谋得个一官半职。

除了这两种选择，还有相当一部分文人儒士选择了归隐山林、不问世事，他们因亡国而悲痛，但也没有多少对元帝国的仇恨，江山之变，个人之力太过渺小，为了保住名节，他们既不抗元，也不仕元，义乌县令周密、金华儒生金履祥是其中的典型代表。

宋末元初这一番江山更替，对于文人儒生来说算得上是一场浩劫，忠宋的文人大多身死，仕元的文人仍然拥有一些权力和地位，而那些归隐山林的文人就有些进退两难了，“介乎娼之上而丐之下”指的正是这些南宋遗“儒”们。

在元帝国的等级制度下，南人的地位是最低的，这些归隐山林的读书人又多为南渡之人，居于山泽之中虽然自在，但生活之拮据，与世之隔绝，也并不是谁都能忍受的。至少在元帝国没有推出对南宋遗“儒”的优待政策之前，他们的日子过得还是颇为艰辛的。

出于江山稳固的需要，从世祖皇帝开始，元朝廷便开始对南方的儒士进行拉拢，许多应用于北方的优待政策，也推行到了南方。先是儒户优免差异制度的推行，后是选拔南方“好秀才”授予高官厚禄，如此一番政策激励，那些南宋遗“儒”们的思想就开始发生了变化。

他们有的是因“年老家贫，无以为生”，有的是想“传往圣先贤之学”，有的是要“展治国平天下之志”，目的虽然各有不同，但结果却都是一致的，他们开始走出山泽，进入庙堂，在元朝的宦海中沉浮飘摇。

在这些宋亡多年后仕元的宋代儒生中，大书画家赵孟頫算是最为出名的一个。宋亡后，他闭门在家，读书习字作画，后被御史程钜夫推举给忽必烈，由此开始了自己的仕元生涯。

相比于蛰居在家，出仕为官后的待遇显然更好，但真正进入到元朝官场后，他又开始为自己的出仕而感到懊悔。在《罪出》一诗中，他以“昔为水上鸥，今如笼中鸟。哀鸣谁复顾，毛羽日摧槁”表达了自己想要为国尽忠，却又因身份问题，而处处受到排挤，虽可享荣华富贵，但内心苦闷却迟迟无法排解的矛盾心理。

赵孟頫的遭遇在大多数被迫仕元的文人身上都曾发生，他们也有同样的心境，这并不是待遇好坏的问题，而是关乎内心、关乎人格、关乎尊严的问题。

所以，如果非要给出一个结论的话，虽然与宋代读书人的待遇无法相比，但元朝读书人的待遇也是不错的。只不过这种物质上的待遇对于那些宋代文人儒士来说，就如使用外用药治疗内伤一样，没办法说是好，还是坏。

元朝是怎么修史的

中国历史上一个新王朝建立后，历来有修“东西”的习惯，对开国的帝王来说，有两种“东西”是必须尽快去修的，一是自己的陵墓，二是前朝的历史。

元朝作为我国历史上第一个由少数民族建立的大一统王朝，在这方面有些特殊，元朝似乎只修了前朝的“史”，而没有修自己的“墓”。而且修史这件事，也并不是在开国皇帝手中完成的，这是怎么回事呢？

元朝为什么迟迟不修宋史

元朝国祚虽短，但在史学方面所取得的成绩却并不少，在众多元人所修史书中，以马端临的《文献通考》以及脱脱等人主编的《宋史》《辽史》《金史》颇为有名。

巧合的是，《文献通考》是元人修史的开端，而宋辽金三史则是元人修史的结尾，可以说宋辽金三史是赶着元朝灭亡的钟声响起之前，才仓促修完的。这也是元人修史与其他朝代所不同的一点。

马端临的《文献通考》是一部史料汇抄，从严格意义上来讲，并不能算个人著作。其记载了上古到宋宁宗时期的典章制度沿革，在内容门类上要比唐人杜佑的《通典》更为详细，共有田赋考、钱币考、户口考、职役考等24个门类。

在介绍宋朝的制度方面，这部《文献通考》要比《宋史》各志的内容更为详细，这既与《文献通考》的写作特点有关，也与《宋史》成书仓促有关。

从建立元帝国到亡国，有百年的时间来修宋辽金三史，为何元人非要等到元朝末年呢？其实早在世祖忽必烈登基时，修宋辽金三史这件事就已经被提上了日程。

1261年（元世祖中统二年），元灭金之后，翰林学士王鹗曾上书世祖皇帝，请求重修辽史、金史。但此时正值蒙宋对峙之际，世祖皇帝一心忙于战争，对于修史之事完全无暇顾及。

1276年（元至元十三年），元军攻克临安，南宋灭亡。此时，中书左丞董文炳提出，要将宋朝三百年间所积攒下来的史料都收集起来，以备后续修撰典籍而用。一时间，大量的宋代典籍从南宋都城临安被运往元大都。

完成天下一统后，元世祖忽必烈便曾下诏修史，但为何这件事一拖再拖，一直拖到了1343年（元顺帝至正三年）才开始着手去做呢？这中间的七八十年时间，元朝廷为何没有修撰宋辽金三史呢？

对此不同学者给出了不同的说法。有人认为是元王朝内部对

元 佚名 元世祖像

修撰宋辽金三史的体例主张有冲突，正是因为这种冲突，宋辽金三史才迟迟没有开始修撰；也有人认为是因为元朝前期战乱较多，皇帝无暇顾及修史之事，天下平定后，又要忙着宫廷争斗，更是没有心思去管修史的事，一来二去，这事就被耽搁了七八十年。

除了上面的两种说法，还有一种说法认为，元朝历代帝王对汉民族文化的接受程度并不高，一些大臣对于汉民族语言也不甚了解，让他们用汉语来修撰前朝史书，也是颇有困难的。

所以修史这件事也就一拖再拖，拖到了通晓汉文化的脱脱掌权时，才再次被提上日程。

脱脱主导修撰的宋辽金史书

在元朝的历史上，名相脱脱是不得不提的人物。在与元顺帝合力剪除伯颜势力后，脱脱受到元顺帝重用，开启了力图振兴元朝政权的“脱脱更化”改革。他推出了一系列举措缓和尖锐的社会和民族矛盾，同时也将编撰宋辽金三史之事正式提上日程。

从开始修史到完成编撰，脱脱等人仅用了两年时间。由于时间过于紧迫，宋辽金三史的质量并不太高，但作为传承中华历史的重要文献资料，其历史价值和意义却是不可估量的。

脱脱所编《宋史》共有四百九十六卷，是纪传体正史中卷数最多的一部，这应该是有赖于之前从南宋临安运到元大都的那些宋代典籍所助，同时也与宋代皇帝们颇好记录史料有一定关系。

由于辽朝的官方资料和民间典籍多在战乱中被毁坏，脱脱等人只能参考一些零散资料，这也是《辽史》只有一百六十卷的一个原因。虽然篇幅不长，但从内容记述上，这部《辽史》依然可以作为与《宋史》相参证的正史，为后世了解辽国历史提供重要帮助。

在三部史书中，《金史》的完成质量是最高的。金国存在的时间虽不及辽国的一半，但《金史》的篇幅却达到了一百三十五卷。在内容上，《金史》的条例齐整，首尾完密，相对完善地记述了金朝的历史，具有极高的历史和学术价值。

在编撰三部史书时，脱脱摒弃了将宋辽金混为一体，将宋作为正统、辽金作为载记，提出了“各当其统，独立撰修”的修史主张。在着手修史的过程中，他认可了史官们提出的“用人为本”的思想，同时提出修史要讲史德，要保持公正，不能因己见而出现偏颇，这一主张对后世史料编撰工作产生了重要影响。

在脱脱等人修完三部史书的二十多年后，元帝国的大厦被农民起义的浪潮所冲垮。元帝国的灭亡证实了脱脱改革的失败，改革中的诸多举措多没有起到实效，但这并不是改革的问题，而是元帝国在当时已经病入膏肓。

值得肯定的是，在这一改革中，由脱脱所牵头的修史工作不仅取得了辉煌的成绩，更为后世保留了宝贵的精神财富。这种行为虽然对元帝国的振兴收效甚微，但对中华文化的传承却意义重大。

元朝皇帝
为何不喜欢开科举

元朝一开始为什么不推行科举

从建立到灭亡，元朝政权在中原统治了97年时间，一共更替了11位皇帝，共举行了16场科举考试。相比于其他朝代，元朝举办科举考试的次数简直是少得可怜。

如果同样以97年的执政时间来计算，根据其他朝代科举制度的规定，每三年一次的科举考试至少也要进行32次。

这还没有将皇上的“恩科”（历代皇帝在继位之初和册封正宫皇后之年都要进行恩科考试）计算在内，如果以元朝11位皇帝来算，光“恩科”考试就最少要有18场（未计算执政不到一年的宁宗皇帝和天顺帝）。这样将所有考试加在一起，元朝怎么也要40场科举考试才说得过去，那为什么元朝却只举行了16场科举考试呢？

在元朝以前，每个新王朝建立初期都会广开科举，选拔人才，但元朝政府却有些标新立异，不但没有增加考试次数反而减少了很多，甚至到最后直接把科举考试给取消了。这在中国古代历史上也是第一次，在没有发生战争的情况下，科举考试停考将近30年之久。一直到朱元璋建立了明朝后，科举考试才重新举行。

那么究竟是元朝的哪位皇帝废除了科举制度？难道是他认识到了“八股文”的无用之处吗？

1271年，元朝第一任皇帝忽必烈成为中原大地新的主人。虽然对汉文化了解颇深，但这个来自草原的皇帝似乎并没有把中原的儒生们放在眼中，在他看来，天天只会“之乎者也”，手无缚鸡之力的文人并不能帮他治理好偌大的一个国家。

基于这种思想，这位世祖皇帝便把这个国家的人分成了四个等级：蒙古人、色目人、北人和南人。北人和南人是以南北地域划分汉族人，色目人是除了蒙古人和汉人以外的其他少数民族的统称。

在这种等级制度下，元朝政府废除了前朝的科举制度，改用世袭和推荐制。由于当时在元朝政府做官的汉族人本就不多，再加上地位被定得很低，慢慢地，元朝中央政府就变成了一个不了解元朝百姓的政府，因为朝廷中的官员都是世袭或者是推荐上来的蒙古贵族，一些高级官员甚至都不会说汉语。

元朝为什么又开始推行科举

在推行了较长时间的世袭和推荐制之后，元仁宗恢复了科举考试，因为他深知，科举制度才是目前能帮助他更好地治理天下的唯一有力途径。

元仁宗9岁便开始学习儒家经典，在刚刚继位不久，他就张贴榜文昭告天下，皇庆二年恢复科举制度，天下儒生尽可报名。

榜文张贴出来后，天下儒生无不欢欣鼓舞，感觉这个闭塞的政权终于要接纳中原文明的了，但是在儒生们还没高兴多久的时候，一项极不公平的科举政策出台了。在满朝重要官员都是蒙古贵族的朝廷中，这些人怎么可能会让被当作低等人的汉族儒生轻松上位？

元朝制定的科举制度对汉族儒生来说真的是难上加难，因为蒙古人和色目人只需要参加两场科举考试，而汉族考生则要参加

三场考试。在考试科目上，元朝科举只开设文科，并对辞赋、诗歌大加限制。在考试难度上，汉族考生的试题也要更难一些。对此，元朝政府给出的解释是，蒙古人和色目人与汉族考生相比，基础比较差，所以要稍微“照顾”一下他们。

在这种科举制度下，就算是汉族儒生考取进士以后，被分配到各个地方做官时，也会遭到区别对待。不管你科举成绩如何，只要你是汉族人，那你的品级就要比同科的蒙古人和色目人低一些。可以这么说：我做不好的事你来做，但是最后论功行赏时，做事的人靠边站，什么也没做的人却能得到最大的利益。

在蒙古贵族看来，汉族人要是在朝堂上有话语权，就会大大的威胁到他们的利益。在这种对待汉族人的社会制度下，蒙古贵族日见颓败，蒙古人的弯刀和弓箭也失去了成吉思汗统治时期的耀眼寒光。

想象一下，如果忽必烈以后的元朝政府要是能够通过科举制度大肆招募有才学的汉人为己所用，那元帝国的太阳也许就不会那么早坠落了。

元曲居然是“蛤蜊味”

中国人都知道文学有“唐诗、宋词、元曲、明清小说”的说法，对唐诗宋词，每个人至少都能背诵出几篇，明清的小说虽然看过的人不多，但也至少知道有四大名著、《三侠五义》《官场现形记》等，然而对于元曲，很多人可能就一点印象都没有了。

元曲到底是什么样子？即便是读书人，能够想到的元曲形象恐怕也只是“枯藤老树昏鸦，小桥流水人家”这几句了。但我们想不到没有关系，元朝人早就已经找到了能够很快了解元曲的形容词，用他们的话说，元曲是“蛤蜊味”的。

元末文艺评论家钟嗣成曾说“吾党且啖蛤蜊，别与知味者道”，这里的蛤蜊指的就是元曲。

那么，为什么要用“蛤蜊味”来形容元曲呢？蛤蜊是沿海地区出产的一类海贝，因为分布地域广阔、出产丰富，价格非常便宜。蛤蜊小巧却味道鲜美，蒸、煮、炒皆可，因此广受沿海平民欢迎。但蛤蜊多沙、肉少且不易处理，相较其他海鲜略微逊色，因此也很少染指宴饮，所谓“登不上台面”。

平民化、民间化，这是元曲相较于唐诗宋词最大的特点，这原因固然在于元朝统治者轻视儒教，使得元朝文人只能以元曲自娱，但却也因此让元代文化走入民间，与平民文化相结合，产生了更具风味、更有生命力的元散曲。

元人王举之散曲《折桂令·赠胡存善》中曾有记载：“问蛤蜊风致何如？秀出乾坤，功在诗书，云叶轻盈，灵华纤腻，人物清癯。采燕赵天然丽语，拾姚卢肘后明珠。”

从这段话中能够看出，所谓的蛤蜊味指的就是浓郁的平民风格，它有别于传统汉族文学的高深大雅，主动深入到了山野民间，体现着平民的欣赏趣味。

这种风格的转变，在元曲的语言风格上表现得尤为明显。元曲的语言追求平俗，要达到的效果是即便是乡野村夫也能够听得懂。

名篇《窦娥冤》中有段唱词是这样的：“一个道你请吃，一个道婆先吃，这言语听也难听，我可是气也不气！想他家与咱家有甚的亲和戚？怎不记旧日夫妻情意，也曾有百纵千随？婆婆也，你莫不为‘黄金浮世宝，白发故人稀’，因此上把旧恩情，全不比新知契？则待要百年同墓穴，那里肯千里送寒衣？”

上面这一段话虽然词牌也是《贺新郎》，但全然没有“柳暗清波路，送春归、猛风暴雨，一番新绿”的文脉，仿佛乡间俚语娓娓道来，如此“接地气”的风格，就让人不难理解所谓的“蛤蜊味”到底是怎样的了。

少了传统诗词的严肃、工整，却也让元曲多了生动、活泼，

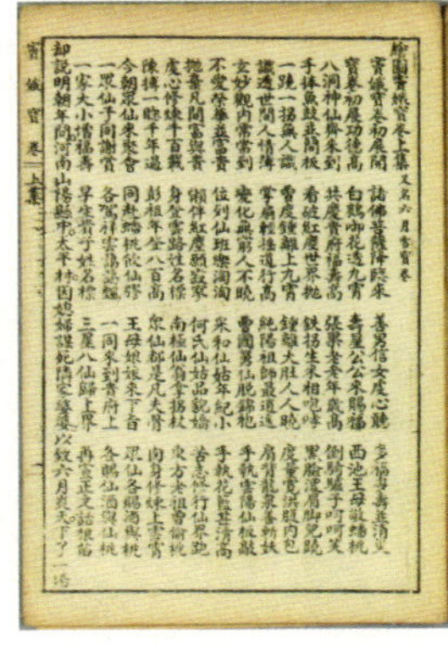

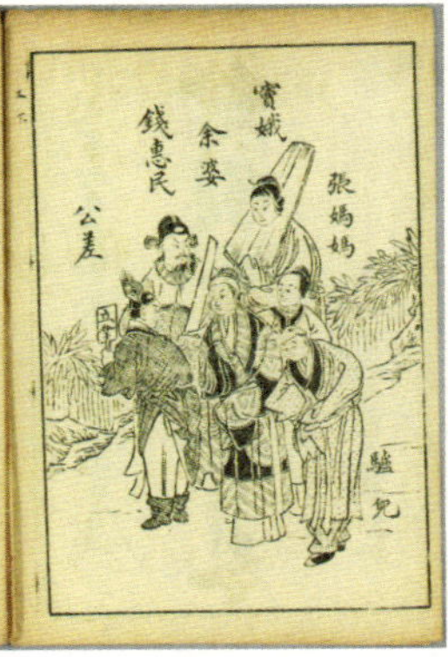

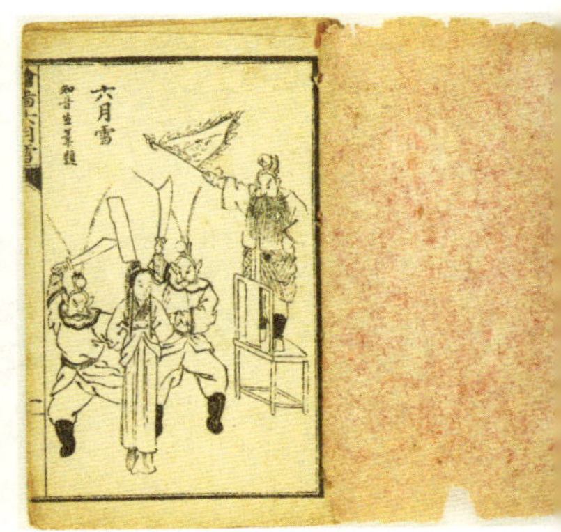

清代戏本《窦娥冤》

更具有“烟火气”，尤其是大量使用成语和俗语，大大增强了元杂剧语言的表现力和节奏感，让元曲显得无拘无束。

曲作家随心所欲，听曲者没有门槛，像极了蛤蜊这种平民小菜，因此评论家以“蛤蜊味”来形容元曲确实非常恰当。

其实，以味道形容文学在我国文人中屡见不鲜，南北朝人钟嵘说五言诗“有滋味”，唐人司空图说诗的韵味在“酸咸之外”，而“蛤蜊味”不过是元人步前人之后尘的又一个有趣的创造。

第七章　礼

元朝就有婚前协议

元朝是中国历史上第一个由蒙古族建立的多民族大一统王朝。作为一个多民族国家，各民族的习俗都会有所不同，其中婚礼习俗就跟之前有很大的差别。

虽然元朝各民族的婚姻礼制都各从本俗，但彼此之间还是有所影响的。蒙汉融合后，蒙古族的抢婚、议婚、收继婚等对汉族传统婚俗产生了影响，同时汉族古老的“六礼”制也对蒙古传统的婚俗产生了影响，二者相互影响、互相融合形成了多样、独特的婚礼习俗。

蒙古族以前的婚姻习俗

蒙古族以前有抢婚的习俗，不过到元代初期这种抢婚已不多见，但这种抢婚遗风演变成婚礼中的一种习俗。举行婚礼宴会时，新娘逃到亲戚家藏起来，新郎和他的朋友去寻找，找到后用武力将其抢过来，带回家，佯装成抢婚的样子。

蒙古族人中普遍流行的是议婚，也就是男女双方通过说媒等方式协商婚约的一种形式。通常是男方先来提亲，女方则召开家族会议或以其他形式来商量是否接受男方的求亲。有时，男方的父亲可以替儿子去向女方求婚，一般还要多求几遍，这样才会被人尊重，如果求一遍就同意了，会被人看轻。如果女方父亲同意男方的求亲，就会饮“布浑察儿”（许亲酒），还有“不兀勒札儿”（许婚筵席），如果在宴会上吃到羊的颈喉，则表示订婚不悔。

蒙古族人还有收继婚制，意思就是“父死则妻从其母，兄弟死则收其妻”。中国北方很多民族都有这样的习俗，甚至成吉思汗死后，他的宠妃木哥哈敦就被他的三儿子窝阔台娶走。不过，有的蒙古人受到汉族婚姻礼法的影响，也有不再遵从这样习俗的。比如蒙古弘吉剌氏的脱脱尼，二十六岁时丈夫死了，她丈夫前妻有两个儿子都已成年，并还未娶妻，于是想收继她，但是她誓死不从。

蒙汉融合下的议婚

受蒙古族人的影响，虽然元朝汉人的婚礼过程大多还遵古代的“六礼”，也就是纳采、问名、纳吉、纳征、请期、亲迎六项，但是也有一些变化。比如“纳采”“纳吉”“纳征”三项，被改成专门为议定娶妇身价的“纳采”（下定礼）和“纳币”（下财礼）两项，并且还增加了“议婚”这一项，使得元朝的婚姻制度更加严谨了。

元朝的这个“议婚”是什么意思呢？所“议”的又是什么

元　佚名　《农村嫁女图》

呢？《新元史》中是这样记载的："一曰议婚，身及主婚者无期以上丧服，及可成婚。先使，媒氏通言，女氏许之，然后纳采。"意思就是将要议亲的双方都要确保没有孝在身才能议婚，否则是不能谈婚论嫁的。并且在议婚之前，男子先要通过口头或者书面的方式由媒人向女子求婚，得到女子的同意后才能议婚，否则不能议婚。由此来看，元朝时的议婚更带有一种婚前协议的特征。

元代时汉人的议婚，主要看的是男女双方的门第及家法，这点可以从《西厢记》中窥见一二。剧中崔母之所以反悔将女儿嫁给张生，就是因为他们两家的门第相差太大。除了门第外，也考虑男女双方的性情和家法，如果发现其中一方性情不好或者家法不严，那么双方可以根据"婚前协议"来解决。

元世祖至元六年（1269），中书省颁布了《婚嫁写立婚书条例》，条例中规定："今后但为婚姻，议定写立婚书文约，明白

该写元议聘财钱物，若招召女婿，指定养老或出舍年限，其主婚、保亲、媒妁人等画字依理成亲，庶免争讼。”看来古人在结婚之前想得也很多啊。

元代大家族对“议婚”很看重，什么样的对象才能“议婚”也有严格的要求。《郑氏规范》中就明确规定：“婚嫁必须择温良有家法者，不可慕富责以亏择配之义，其豪强逆乱，世有恶疾者，勿得与议。”从这可以看出，元朝人是很看重“议婚”的。

此外，元朝还奉行同姓不婚的原则。至元八年（1271）明确规定：“同姓不得为婚，截至元八年正月二十五日为始，以前者准已婚为定；以后者依法断罪听离之。”

元朝的“收继婚制”是怎么回事

现代婚姻制度都实行“一夫一妻制”，中国古代社会有身份和财富的汉族人流行的却是“一夫一妻多妾制”，而在元朝，还有一种更为“另类”的婚姻制度，那就是“收继婚制”。

“收继婚制”要求女子在夫君离世之后不得守寡，而是应当转嫁给夫君的兄弟，或是氏族当中的其他亲属，成为他们的妻子。

从汉族礼法来看，这是乱伦。再说了要是去世男子兄弟的妻子不同意怎么办？

以现代的观点来看，这种婚姻制度有悖常理，但是在蒙古族当中，兄死娶嫂却普遍被人们接受。

一方面，古代各民族的女子在婚姻当中并没有发言权，对丈夫娶妻自然没有干涉权。另一方面，在当时的婚姻制度下，蒙古族人反倒认为“收继婚”是兄弟应当承担的责任和义务。

其实这种制度也不难理解，毕竟在当时的社会，女子的生活大都要仰仗男子，若是变成寡妇，她的日常生活就很难得到保障。

不过元朝这种婚姻制度并不是以保障女子的生活为主，只是把女子作为一种财产被去世人的兄弟继承。这也是当时女子地位低下导致的结果，女子不仅不能决定自己的夫君，还要被当作财物继承。

收继婚制虽说在元朝流行，但是这种婚俗并不是起源于元朝。根据史料显示，至少在三皇五帝时期，我国就已经出现了这种婚姻制度。据说舜的弟弟象在谋害舜之后，就打算将舜的两位妻子——娥皇和女英占为己有。

“昭君出塞”中的王昭君也是这种婚俗的受害者，她奉命下嫁给匈奴的首领呼韩邪，后来呼韩邪去世，她请求朝廷准许她回归朝廷，但是汉成帝却拒绝了她的请求，要求她遵从当地的习俗。于是昭君在夫君死后被迫嫁给了他的长子复株累单于。

早在元朝建国之前，蒙古族人便以收继婚制作为本族的婚姻方式。后来这种制度在元朝以“国俗”的形式流传下来，也就是说，在元朝的社会当中，收继婚制是统治者提倡的正常现象。

当时的法律规定，儿子除了自己的生母外，父亲的其他妻妾都可以处置，不仅可以将她们娶为自己的妻子，还可以做主将其嫁给别人。

成吉思汗死后，他的第二个儿子没多久就告诉其他人，他十分想要父亲生前的宠妃木哥哈敦娶做他的妻子；第三个儿子窝阔台也想娶她做自己的妻子。木哥哈敦自然无法反抗，经过兄弟俩的争夺，最终她再嫁给了窝阔台。

皇族之中尚且如此，更不用说百姓的婚姻。不过随着元朝历史的演变，到了元朝中后期，不少女子开始抵制收继婚制。

当时的元朝皇室当中有一位名为祥哥剌吉的公主，她的丈夫死后，丈夫的小叔想要收继她作为妻子，但是被这位公主严厉拒绝。公主死后，皇帝对公主的事迹大肆宣扬，称她是“蚤寡守节”，不仅没有计较她不改嫁的过失，还赐谥号给她，并且赏赐了后人许多的金银财宝。这事情之后，民间的妇女也广为效仿，以其为典范拒绝收继。

元朝的收继婚制在此时已不再流行，法律已经不再强迫女子再嫁。

此时法律规定，若是女子愿意守节，亲属必须听从她们的意愿。亲属强迫女子再嫁的，亲属骚扰女子生活的都会被论罪处置。

那么是什么使得收继婚制在元朝的后期逐渐弱化呢?

究其原因在于，常年的蒙汉共处，使得汉族与蒙古族的思想渐渐融合，汉族当时认同的贞操观念在元朝的历史发展中逐渐被众多蒙古族女子接受，儒家的礼制思想逐渐渗透到元朝的民间社会当中，从而使得大量的女子开始反对这种收继制度。

不过也有一种说法认为，蒙古收继婚制盛行的原因之一是为了保证国家的人口，元朝后期经济已经得到复苏了，朝廷不用强迫女子再嫁进行繁衍，因此后来开始逐渐放开了收继制度。

但是无论是何原因，这种婚俗终于在元朝的最后几十年间停下了脚步。

帖木儿、不花……

元朝人的名字都一样

元代教军场上——

都指挥使点将道："帖木儿。"

"到""到""到"……答到声此起彼伏。这时，一个卫兵小跑过来对都指挥使说道："禀都指挥使，一百八十七位帖木儿都到齐了！"

为什么有这么多帖木儿和不花

很多人都会笑着问："夸张了吧，元朝哪有那么多叫帖木儿的？"这还真不是夸张，如果说元朝的公主抛绣球，那一个绣球横着扫，就能扫倒一大片"帖木儿"。

为了表示元朝有很多"帖木儿"，有人给出了"元朝皇帝全都叫'帖木儿'"的结论。其实，这是一种夸张的说法，因为元世祖忽必烈，武宗海山、仁宗爱育黎拔力八达、英宗硕德八剌、明宗和世瓎等元朝皇帝的名字里都没有"帖木儿"三个字。不过，元朝人名带“帖木儿”三个字的非常多。

为什么元朝有那么多“帖木儿”呢？这跟蒙古族人的历史文化有着密不可分的关系。

蒙语“帖木儿”又可翻译成“铁穆耳、铁木儿”，就像英文姓氏史密斯（Smith）的原意是铁匠一样，帖木儿的意思就是“铁”。很久之前，蒙古人是非常崇拜铁的。

蒙古人的祖先是“鞑靼人”，他们居住在今内蒙古东部的呼伦贝尔草原、大兴安岭、额尔古纳河沿岸及黑龙江沿岸。唐代之前，这部分地区是由突厥人和回鹘人统治的。后来，突厥帝国灭亡，回鹘西迁，原蒙古族人开始向内蒙古西部和外蒙古推进。这一时期，原蒙古族人最重要的成果就是掌握了炼铁。

《史集》中记载：原蒙古部落与突厥部落发生内讧，一番激战下，原蒙古族人失败了。幸存下来的两男两女逃到一处人迹罕至的地方，他们的后裔就是蒙古族人。这些蒙古族人想走出去，重新夺回自己的领土，可此处资源匮乏，他们也毫无办法。一日，一个蒙古族人找到了一处铁矿产地。他们立刻宰杀了70头牛马，并用这些牛马的皮做成风箱。然后，他们又从森林砍了很多木柴，将铁矿里的铁熔炼出来，最终靠铁器回归草原。

为了表示对铁的崇拜和感谢，大部分元朝人都会在名字里加入铁元素，就是“帖木儿”了。

除了“帖木儿”外，“不花”也是元朝人喜爱的名字。

从元代史料来看，叫“不花”的元朝人似乎比叫“帖木儿”的还多。按照蒙语解释，“不花”是“公牛”的意思。

与“帖木儿”一样，“不花”也有其深层次含义。在元朝，公牛是非常常见且重要的动物，而且，它也与蒙古族历史息息相关。

《元朝秘史》里有这样一段记载：在铁木真第一次被众人推选为蒙古人的大汗时，他正要率领蒙古大军与札木合作战。当时，一位名叫豁儿赤的萨满带来了神明的旨意——拥护铁木真做大汗。豁儿赤对众人说“神将化身成公牛出现在世间”，就这样，公牛成为神的象征，也成为辅佐国主的忠诚象征。

蒙古族人起名的习惯

从“帖木儿”和“不花”来看，不难发现蒙古族人的名字都会反映其文化、传统和宗教。总结下来，蒙古族人取名大多会涉

清 姚文瀚 元成宗

及以下元素。

1. 用动物来命名。蒙古族男性以勇敢为荣，所以，阿思兰（狮子）、巴尔思（老虎）、脱里（雄鹰）、阿尔布古（有花纹的鹿）、那海（狗）等都是蒙古族男子喜爱的取名元素。如果在动物前面加一个形容词，那就是很好的名字了。比如哈喇巴儿思（黑虎）、乌兰巴尔思（红虎）、茂巴尔思（恶虎）等。像上面的“帖木儿”和“不花”也可以组合使用，蒙语“帖木儿不花”的直译是“铁犍牛”。

2. 用祝福语命名。与中原民族相同，蒙古族人也喜欢将“福禄寿喜”等祝福元素加入名字中。比如“那苏图”代表长寿，“吉日嘎朗”代表幸福，“乌力吉巴雅尔”代表吉祥、喜悦，“宝音”“伯颜图”“好必图”代表有福气等。

3. 用自然元素命名。蒙古族女子很喜欢用自然元素做名字，比如“娜仁”是太阳，“萨仁”是月亮，“敖登”是星星。再比如“其其格”代表花儿，“其木格”代表花蕊。

4. 用珠宝命名。除了自然元素外，珠宝也是蒙古族女性在命名时的心头好。比如代表珍珠的“塔娜”，代表翡翠的“水灵”，代表玉石的“哈森”，代表蓝色宝石的“乌云”等。

元朝人怎么
过年过节

元朝实现了前所未有的统一，不仅疆域辽阔，而且民族众多，虽然在政治、经济、文化生活上大多还是前朝的延续，但因为南北地域的差异，多种宗教的盛行，文化政策的两重性，导致元朝的节庆文化在继承前朝的基础上呈现出一些“元朝特色”。

春节

根据史料记载，元朝的节日大部分都遵循汉族的传统习俗，不过因为地区和民族习俗的不同，一些节日带有浓郁的民族特色。比如中国最重要的传统节日——春节，在元朝就出现了不同的习俗。跟汉族过年食俗不同，元朝贵族在过年的时候主要吃羊肉、喝奶茶。

跟汉族传统新年喜欢用红色象征喜庆和吉祥不同，蒙古族崇尚白色，他们将正月称为“白月”，将春节称为“希恩吉勒”，也称“白节”。《马可·波罗行纪》记载：正月初一那一天，蒙古大汗及蒙古臣民“皆衣白袍”，并且臣民“互相馈赠白色之物”“大事庆祝，俾使全年纳福”。

元宵节

元宵节，从西汉皇帝在正月十五那天夜里用盛大的灯火祭祀太一神之后，元宵节就从宫廷走向民间，到元朝时已经演化出一系列的活动，比如：举行灯会、放烟火、猜灯谜、歌舞百戏等。

元朝的元宵节有多热闹？元代熊梦祥在《析津志辑佚·岁纪》中是这样描写的：“又于草屋外悬挂琉璃蒲萄灯、奇巧纸灯、谐谑灯与烟火爆仗之属。自朝起鼓方静，如是者至十五、十六日方止。宫中有世皇所穿珍珠垂结灯，殿上有七宝漏灯。……每元会圣节及元宵三夕，于树身悬挂诸色花灯于上，高低照耀，远望若火龙下降。树旁诸市人数，发卖诸般米甜食、饼、枣面糕之属，酒肉茶汤无不精备，游人至此忘返。此景莫盛于武宗、仁宗之朝。”

在元朝，元宵之夜也是青年男女寻找意中人的绝好机会。当然，这也是延续前朝习俗。欧阳修诗说：“月上柳梢头，人约黄昏后。”讲的就是元宵节。那几天朝廷会开放门禁与民同乐，大家走出家门，到大街上观看一些庆祝活动，于是青年男女就有了接触的机会，一些爱情就此产生。比如《留鞋记》中郭秀才与王月英就是在元宵佳节遇见的。

但元朝的元宵节还很有自己的特点，例如北方结羊肠的习俗。据《霏雪录》记载：“北方士女正月十六日用旧历纸九道为绳，乱结以首尾，联属者为兆，谓之结羊肠。”女孩为什么要结羊肠呢？因为“含情暗思心中语：何时得似双鸳鸯。”看来，自古以来“甜甜的爱情”都是青年男女所向往的。

寒食节（清明节）

元宵节过后就是寒食节了，寒食节一般在清明节前一两天，元朝时寒食节与清明节合二为一。中统五年（1264），忽必烈规定京府州的官员在寒食节时放假三天。这三天中的任何一天，大家都可以上坟祭祖，不过不设香火，只将纸钱挂在坟墓周围的树上就行。元朝时，寒食节也有禁用烟火、只食用冷食的习俗。

元朝人是怎样过寒食节的呢？这可以从一些古人遗留的记载中窥探一二。比如："春三月，花满枝，秋千惹，绿柳丝""前村梅花开尽，看东风桃李争春。宝马香车陌上尘，两两三三见游人，清明近。""买花钱滴溜溜杖上挑着，沽酒店闹吵吵桥边问也，载诗囊胀膨膨驴背上驮着。""清明寒食，宫廷于是节最为富丽。起立彩索秋千架，自有戏蹴秋千之服，金锈衣褥，香囊结带，双双对蹴。绮筵杂进，珍馔甲于常筵。中贵之家，其乐不减于宫闼。达官贵人，豪华第宅，悉以此为除祓散怀之乐事。"

从这些记载中可以看出，寒食节（也是清明节）已经成为元朝达官贵人和普通百姓共同的节日，不再只有祭祀活动，还有像立秋千、戏蹴鞠、郊游、踏青这样的娱乐活动。元朝人会在清明之前备好酒，然后去祭祖上坟，同时踏青游玩。

端午节

元朝习惯称"端午节"为"重午节"。端午节也是个重大的节日，朝廷不仅给国家公务员放假一天，还发放节日礼物。节日当天，宫廷里由宣徽院、典饮局等部门贡上凉糕、光禄寺酒、蜜枣糕、杭米粽、金桃、御黄子、藕、甜瓜、西瓜等食品，供人食用。

据《析津志》的记载，元朝大都的端午节是这样的："五月天都庆端午，艾叶天师符带虎，玉扇刻丝金线缕。怀荆楚，珠钿彩索呈宫籞。进上凉糕并角黍，宫娥彩索缠鹦鹉，玉屑蒲香浮绿醑。葵榴吐，銮舆岁岁先清暑。"在端午节前三天，"中书礼部办进上位御扇，扇面用刻丝作诸般花样，人物、故事、花木、翎毛、山水、界画，极其工致，妙绝古今。"同上还有"软牛毛拂子、金条、彩索、金珠、翠花、面靥、花钿、奇石、戒止、香粉、胭脂、洗药等物"上贡，并且在"中正院三后所属衙门各有故典仪物，以次进献。礼部亦然，盖以此为大节故尔。"

元人《岁朝图》

端午节前两三天，元大都城内就开始售卖凉糕、粽子、艾虎、泥大师、彩线符袋牌等端午食品。老百姓可以逛逛庙会，尝尝小吃，享受这难得的好时光；贵族们则穿上新衣，到专门的游乐场打打马球，玩玩射柳，显摆自己的武艺技能。

在中原及江南一带，端午节的习俗除了延续前朝的挂艾虎，吃粽子、饮菖蒲酒、系百索、戴钗头符或者悬朱符，挂天师像等习俗，还新增加了斗草、打秋千、放风筝等娱乐活动。

元代词人舒頔在《小重山·端午》中写道："碧艾香蒲处处忙。谁家儿共女，庆端阳。细缠五色臂丝长。空惆怅，谁复吊沅湘。往事莫论量。千年忠义气，日星光。离骚读罢总堪伤。无人解，树转午阴凉。"

这首词描写了元代人忙着过端午的热闹景象：采艾蒿、蒲草，手臂上绑着五色丝带唱歌跳舞。从"儿共女"，我们可以看出那时一家人其乐融融共度佳节的温馨。

中秋节

元朝的中秋虽然不放假，但是皇宫内也会隆重过节。中秋那天，元代皇室要举行祭典活动，不过用的却是马奶酒。据《析津志》记载，到元顺帝时，中秋节那天皇帝要在上都北城墙上的穆清阁举行大型宴会，皇亲国戚和文武百官都来参加。参加宴会的人在高楼上把酒临风，一边欣赏美丽的月色，一边品尝各种时令瓜果（香水梨、银丝枣、大小枣、栗、御黄子、频婆、奈子、红果子、松子、棒子等），一边欣赏轻歌曼舞，好不惬意。

此外，皇宫内还有斗鹌鹑等游戏，有诗云："金风苑树日光晨，内侍鹰坊出入频。遇着中秋时节近，剪绒花毯斗鹌鹑。"中秋节过后，皇帝也开始返回大都了。

元朝人
不爱洗澡还怕打雷

如果蒙古族人听到有人说，“你们蒙古族人不洗澡”，那大部分人肯定会毫不客气地回答你，“谁不洗澡？你才不洗澡呢！”而小部分人则会无奈地说：“别提了，那都是以前的事了。”

其实，蒙古族人不常洗澡、不愿洗衣服的习俗一直延续到新中国成立前。蒙古族老一辈人偶尔会对孩子们讲起——过去，蒙古族人吃完“手把肉”后，会将手上的油污蹭在衣服上。可是，据老人们说，蒙古族人衣服上的油污越厚就越有面子，这是他们虔诚的象征。

虽然一些新生代的蒙古族人拒绝承认这点，但不可否认的是——古代蒙古族人确实不常洗澡。因为在蒙古族人的《大扎撒令》里有明文规定：为了保护水源，不得在河流中洗手，甚至不许跳河自杀，意外溺水都不行！试想，古蒙古族人连手都不让洗，何况是洗澡呢？再者，违反了《大扎撒令》可是要杀头的！

重刑之下，古蒙古族人也只好遵守规则了。

不过，随着蒙古族人入主中原建立了大元朝，元朝蒙古族人也开始逐渐被汉化，在不洗澡的方面也没有那么深的执念了。不过，由于水资源并不丰富，加之保护水源的传统思想，绝大部分元朝的蒙古族人还是保留了他们不常洗澡的习惯。

有人说了，那把河水舀出来，在河边洗不行吗？还真不行，因为古蒙古族人拒绝洗澡的原因除了《大扎撒令》外，还有——他们很害怕雷电！

看到这儿，不少人都会有个疑惑：那可是蒙古族人啊，铁骨铮铮的大汉，怎么会怕雷电呢？您还别说，古代蒙古族人确实特别惧怕雷电。

据《蒙鞑备录》载："其俗最敬天地，每事必成天，闻雷声则恐惧，不敢行师，曰：天叫也。"原来，古蒙古人信奉"长生天"，他们将雷电看作上天发怒的表现，称为"天叫"。如果碰上雷电天气，他们还会恐惧到不敢行军。在野外遇到雷电，他们会附身贴地、紧捂耳朵来躲避雷电；在帐篷里遇到雷电，他们会将陌生人逐出账外，自己则躲在账内直到长生天"息怒"。

除了对长生天的敬畏外，古代蒙古人惧怕雷电的原因还有以下几点。

一是蒙古草原属于雷区，且是一望无垠的广阔大地。下雨时云层较低，很容易发生"落地雷"。古蒙古军队通常是身着铠甲，手持长矛，这样的穿戴在雷雨天行走，就更容易成为雷击目标。所以，身边人被雷劈死的恐怖景象也是让蒙古族人畏惧雷电的原因。

元　赵孟頫　《浴马图》

二是因为是雷区，所以雷电经常劈死牛羊、引起火灾，为了避免经济损失，古蒙古人制定了一系列“讨好长生天”的措施。比如将夏天采蘑菇、在河里洗澡、用金银器皿打水、在河边浣洗衣裳等当做禁忌。除此之外，古蒙古人还禁止将酒、奶等饮料或实物洒在地上，如果有人不遵守规矩，就要遭到鞭打和驱逐。

更奇葩的是，蒙古族人将遭受雷击的人看作是被长生天厌弃的人。如果有人遭受雷击，那他的家人或族人就要被驱逐出当地，且三年不得进入大汗的斡耳朵（宫帐）。

当然，在那个年代里，对雷电的恐惧是可以理解的。尤其是一代天骄成吉思汗的死亡被传出与雷电有关，那就更让蒙古族人恐惧了。

根据出使蒙古的罗马教廷使节约翰·普兰诺·加宾尼在其文章中撰写的内容，成吉思汗是在1227年误入雷区，被雷电击中劈死的。

南宋彭达雅所著的《黑鞑事略》中有这样一段记载，“鞑人每闻雷霆，必掩耳屈身至地，若躲避状。”

也就是说，约翰·普兰诺·加宾尼是葡萄牙人，他出使中国的时间是公元1245—1247年，与成吉思汗的死亡相隔18年。试想，一个葡萄牙人都听闻了成吉思汗被雷劈死的传言，那蒙古族的老百姓们肯定传得更加厉害。

大汗都被雷电劈死了，普通人能不敬畏害怕雷电吗？既然这么敬畏害怕雷电，那他们还敢去河里洗澡吗？

所以，即便后来开创了大元朝，元朝蒙古人还是遵循之前的习俗——我们尽量不洗澡！

蒙古族人有着什么样的丧葬习俗

每个封建王朝的皇帝死后都有陵墓，唯独元朝皇帝没有留下一座陵墓，这是一个千古历史之谜。因为这个谜团，我们不禁会想，这是不是与蒙古族人的丧葬习俗有关呢?

密葬及其特点

蒙古人的丧葬习俗并不统一，且根据时代不同而不断变化，但无论如何变化都始终遵循一个大的“原则”，即秘密安葬。这样做的目的据说是为了防止仇家毁棺鞭尸泄愤。

公元1241年，蒙古军在第二次西征时与罗马帝国交锋，大败神圣罗马帝国联军。此后几年，罗马教皇多次派遣罗马教廷使节到蒙古都城求和。1246年，一位到蒙古国的罗马教廷使者有幸了解到蒙古族的丧葬仪式，并将其记录在了自己的出使日志中：“他们秘密地到一处空旷的地方，然后把地上的一切东西都移开，挖一个大坑，接着在坑的边缘，挖一个隐秘的地下墓穴，再将死者放入。之后，他们会把大坑填平，把所有的东西再放回去，将一切复原。”

古代时，蒙古族的“密葬”有两个特点，一是刳木为棺，葬礼简单；二是墓地保密，不设标记。因此，即使是最高统治者，如元朝的历代皇帝甚至是一代天骄的成吉思汗，也都不曾有豪华的陵墓和陵园建筑。

按照蒙古族的习俗，帝王、天子死后，要运往漠北安葬，葬处是成吉思汗生前指定的起辇谷。据记载，元朝的各代帝王，除了宪宗蒙哥葬地不详外，其余的均被葬在起辇谷。不过，起辇谷的名字虽然广被知晓，但是具体位置究竟是哪，没有一个人能说得清，这也是为什么“成吉思汗陵究竟在何处”会成为一个千古之谜。

《马可·波罗游记》中写道：“鞑靼皇族有一个不可更改的丧葬传统，即一切鞑靼人的第一个主人——成吉思汗和其他大汗在死后都要被葬在一座名叫阿尔泰的山上，无论他们死在什么地方，即使相距很远的路程，也要把他们的灵柩运送带阿尔泰去。此外，皇室墓葬还有另一种非常残忍的风俗，护送君王灵柩的人要将沿途遇到的一切人全部杀死，一是为了行踪保密，二是将他们作为殉葬者。蒙古人相信，这些被杀的人在阴间会成为君王的奴仆，供其调遣。”

《多桑蒙古史》记载，成吉思汗患病八日而崩，众将护卫其遗体秘密地回到了蒙古地区，那些护卫遗体的人将途中遇到的人全部杀死了。

殉葬

当然，相比于帝王将相，元朝时蒙古族官员百姓的丧葬要“平常”得多，没有到“秘不可测”以及如此残忍的程度。

“殉葬”制度在蒙古族普遍流行。普通人殉葬的方式一般有两种，一是用财物或者小动物殉葬，二是用人殉葬，两者之中，前者更为常见，后者为少数有实权者使用。

从发掘出来的元代古墓群里的陪葬物品可以看出，元朝已经有了用石人代替活人殉葬的方式，如多伦砧子山和一棵树元代古墓群、正蓝旗羊群庙元代祭祀遗址及墓葬出土的殉葬品中，就有用来殉葬的石人。

汉白玉石人雕像（上都遗址文物陈列馆）

对于代替了活人殉葬的石人，蒙古族人也是十分讲究的。元上都遗址文物陈列馆院内，有三尊汉白玉石人雕像，亦是元代墓前的殉葬品。这三个石人都身穿绸缎袍服，脚蹬蒙古靴，腰带上还系有蒙古刀、打火石等饰物，雕刻得栩栩如生，甚至连手上戴的镶宝石戒指都能看出来，可惜的是，或许是因为某种原因被外力所毁，现在这些石人都没有了头。好在，蒙古国乌兰巴托市国家历史博物馆内，也陈列着一尊与元上都汉白玉石人用料和造型几乎一样的雕像，这个石人的脑袋完好，可以看出有着典型的蒙古人脸型和打扮，戴着圆形盔式帽，帽子的后面还有发辫。

土葬

在埋葬方式上，蒙古族人采用最多的是土葬，即在某一个秘密的地方挖一个墓穴，将死者装进棺材放入掩埋。

蒙古人十分重视“落叶归根”，故有死后葬于故土的习俗，通常情况下，蒙古人不管死于何处，其尸体都是要运回故乡埋葬。但是也有特殊情况，比如那些在行军打仗过程中战死或病死者，难免会有无法及时运回的情况，这时候，就会将死者连带他的所有物一起就地掩埋。

一般来说，土葬多是贵族官员、富贵人家使用，因此下葬时，也会放很多陪葬品。蒙古人认为随葬品死者在另一个世界也可以使用，就会在墓穴中放入很多日用品。将死者埋葬后，人们还会在墓前烧马祭祀，并且将死者生前所用的车、帐一并毁掉。当然，陪葬品的多少、仪式的大小也会根据死者生前的地位声望来确定，正如西方传教士约翰·普兰诺·加宾尼的记载：“如果

元　佚名　《陶渊明归去来辞图》

死者是一个不很重要的人物，他就会被秘密地埋葬在他们家人认为合适的空地。埋葬时会先放入死者的一顶帐幕，让死者坐在帐幕中间，并在其面前放上一张桌子，桌子上摆上肉和马乳。除此之外，还会埋入母马、小马、带有马笼头和马鞍子的马各一匹，死者埋葬后，再宰杀一匹马，将其肉吃掉后，在马皮中塞满稻草，然后在墓前烧掉。”

天葬和火葬

土葬之外，还有天葬和火葬。

藏族素来有天葬的习俗，蒙古族的天葬与之有所不同。蒙古人将腾格里封为神祇，他们认为，人死后就是回到了腾格里的怀抱，而天葬就是最纯净的回归方式之一。

蒙古族的天葬也称野葬，简单来说就是人死后，将其尸体放至野外，被动物啃食。具体来说也有两种不同的形式。第一种，将尸体用白布裹住，放在车上，由马或骆驼拉着，人在后面驾驭，当路遇颠簸，尸体从车上掉下时，驾车的人马上就会用石头、土块就地将其围起来，第三天时，再来看尸体是否被啃食，若还有剩下的尸骨，就将其连同死者遗物一并埋葬。第二种，同样由牲畜拉车，但无人驾驭，直接用鞭抽打牲畜使其发狂逃窜任意颠簸，两天后，人再沿着车辙寻找尸体，如果尸体被野兽啃噬，则预示着死者升入了天堂；如果完好，就要请喇嘛念经超度。

至于火葬，据说是蒙古人接受喇嘛教以后受其影响才开始实行的。实行火葬时，喇嘛要先为死者诵经超度亡灵，接着将死者的衣服脱去，清洗尸身，再用白布包裹，放在坐棺中，然后用人力或车将人与棺运到野外一并烧掉。若死者身份尊贵，就要将其骨灰收集到小木匣中，挖坑埋葬，或者撒于山上河中。

值得一提的是，蒙古族接受喇嘛教之后，喇嘛诵经超度亡灵已经成为各类丧葬仪式中不可或缺的一环。有威望的人家办丧事时会先请喇嘛念经一到三日，到死者死后第四十九天时再念一次，一百天时还要念上一次，有的甚至到第三年还会念。

蒙古人所用的棺材型号、样式也是不同的，会根据死者身材、年龄、权力大小、贫富程度等来制定。根据死者的所处的姿态不同，棺材可分为立材、坐材和卧材，根据所用材料不同，可分为棺材、布材、衣材和裸材。

此外，蒙古人在丧葬期间饮食也与往日不同，有较多忌讳，如不喝奶茶、忌喝酒、不吃整羊等。

总的来说，蒙古人本族的丧葬习俗既神秘又特别，不过其后的发展也逐渐受到汉族的影响，不断发生着变化。

第八章　乐

郭德纲的《单刀会》，原作者其实是关汉卿

“冬走涪陵夏行船，鲁子敬摆酒宴聘请圣贤。那胆大的黄文曾把那书下呀，他下至在荆州关羽的宝帐前……”如果你喜欢听相声，那么你肯定听过郭德纲的这段《单刀会》。不过，你可能不知道的是，《单刀会》原创作者其实是关汉卿！

杂剧和散曲庞大的创作队伍

关汉卿是何人？著名的元曲四大家之一。据说，关汉卿对关羽很感兴趣，他的姓都是追随关羽而起的，按照现代的说法来说，关汉卿可以算得上关羽的忠实“粉丝”了。正因为关汉卿崇拜关羽，所以他创作了《关大王单刀会》和《关张双赴西蜀梦》这两部杂剧，剧中满怀对关羽的崇敬之情。

此外，与其他杂剧作家不同的是，关汉卿最能把自己和剧中的角色及其扮演人结合在一起。他没有士大夫那些“高人一等”的习气，反而经常和优伶娼妓为伍，在这种情况下创作的作品十分逼真，这也是关汉卿把《单刀会》中的关羽形象刻画得栩栩如生的主要原因。

如《单刀会》第一折中：

〔金盏儿〕他上阵处赤力力三绺美髯飘，雄赳赳一丈虎躯摇，恰便似六丁神簇捧定一个活神道。那敌军若是见了，唬的他七魄散、五魂消。你则索多披上几副甲，剩穿上几层袍。便有百万军，当不住他不剌剌千里追风骑，你便有千员将，闪不过明明偃月三停刀。

这一段关汉卿抓住了关羽"三绺美髯"和"一丈虎躯"等外貌特点，对关羽进行了动态描写，这让读者仿佛能看到一个有着虎虎生气、声容俱肖的"活关羽"。

除了关汉卿，元朝还有很多著名的戏曲作家，如和关汉卿并称元曲四大家的马致远、白朴、郑光祖。除了元曲四大家，元朝会写散曲和杂剧的人还有很多。著名戏曲理论家任中敏曾统计过，元朝可以考出姓名的散曲作家有227人，杂剧作家也有很多。明朝初年《太和正音谱》也曾记载，元朝杂剧有535部，其中有160部流传至今。这些元曲作家成为当时大众文化、流行文化的代表。

南戏和话本流行

除了杂剧和散曲之外，元朝的南戏和话本也很流行。

南戏和杂剧一样，都起自民间，它的发祥地是温州。与北方相比，南戏的用韵不是很标准，但正是因为这一点，南戏才更加自由。

常见的杂剧每部限于四折，每折限用一韵，并且只限一个主角唱。南戏则没有这么多规矩，每部戏的长短不一，韵可以随意更换，主角也不一定是一个人，也有可能是两个人或者好几个人。

南戏这种比较自由的戏曲在元末明初非常流行，人们也对这种形式喜闻乐见。据史料载，宋元时期可考的南戏有一百多部。其中，元末最成功的三部传奇为《杀狗记》《拜月亭》《白兔记》。

《杀狗记》的故事采自无名氏的杂剧《杀狗劝夫》；《拜月亭》的故事采自关汉卿的《闺怨佳人拜月亭》；《白兔记》的故事来源更为久远，据说其雏形是金朝已有的《刘知远诸宫调》。从这一点上来看，杂剧对元末南戏的影响颇深。

除了戏曲之外，元朝人还喜欢读话本。元朝时期的话本也有很多，但是留下来的说书人话本只有一部《全相平话三国志》和五部说周秦汉三朝历史的《武王伐纣书》《乐毅图齐》《七国春秋后集》《秦并六国》《吕后斩韩信》《前汉书续集》。

其中，《全相平话三国志》和《三国演义》一样，它们所说的都是三国的故事。但《全相平话三国志》的内容和《三国演义》大不相同。在《全相平话三国志》中，曹操是韩信的转世，汉献帝是汉高祖的转世，华容道为“滑荣道”……由此可以看出，《全相平话三国志》只是一种口耳相传的市民文学，没有经过文人学士的修饰。

这里有人不禁会疑惑，元朝人的生活难道都如此闲散，可以有大量的时间写作、演奏戏曲、听话本？其实，元朝人戏曲盛行是有一定的历史原因的。

元朝把人们分为四个等级，在这种形势下，元朝的读书人想要出人头地并没有那么容易，他们大部分很难找到做官的机会。直到仁宗爱育黎拔力八达可汗之时，科举制度才被恢复。可想而知，当时读书人的仕途大多并不顺利。

明　商喜《关羽擒将图》绢本设色画商

读书一时难有成就，但是一家人还等着养活，读书人只好另寻他路，而创作杂剧和散曲就是当时养家糊口的良好方式。这就是元朝文人成为杂剧作家和散曲作家的主要原因之一。

除此之外，元朝戏曲盛行还有一个重要的原因：白话文学的兴起。元朝时期，皇帝专门下圣旨让百姓都用白话文，因此元朝的戏曲也开始使用白话文。与晦涩难懂的文言文相比，通俗易懂的白话文更加容易流行起来。

无论是元朝的杂剧、散曲，还是元朝的南戏、小说，它们在历史上都描绘出了浓墨重彩的一笔。也正是因为这些文化的存在，才让元朝人们的生活更加丰富多彩。

包公成为黑脸
是从元朝开始的

如果你在河南开封的包公祠二殿中，看到包公石刻像拓片后千万不要惊讶，眉清目秀的白脸包公并不是因为工作人员忘记上色了，而是因为包公的脸色本来就不黑。

包公也就是包拯，是北宋时期的名臣，因曾任天章阁待制、龙图阁直学士，被人称为“包待制”“包龙图”；在其逝世后，被追赠为礼部尚书，谥号“孝肃”，后世又称其为“包孝肃”。

在包拯一生所获称谓中，最为后世所知的，就是因其刚正不阿、黑面无私而得来的“包青天”一称。说刚正不阿，不依附于权贵，敢于替百姓申冤这并没什么问题，但若说包拯脸黑如碳，那就纯属子虚乌有，后世杜撰了。

在宋代有关包拯的正史记载中，并没有黑脸的记载，在《宋史·包拯传》中，也丝毫没有涉及这一方面的内容。那么包拯黑脸的内容究竟是从什么时候才广泛传播的呢？要回答这一问题，就要从元杂剧和戏曲中寻找蛛丝马迹了。

清 顾沅辑录 清刊本《古圣贤像传略》 孔莲卿 《包拯》

在京剧脸谱中，黑色代表刚正威武、铁面无私，武人中黑脸的代表是张飞，而文人中黑脸的代表则是包拯。从京剧再向前追溯，人物脸谱化更多出现在元代杂剧、戏曲之中。

包拯在宋代可谓是清官中的代表，他身上所具备的清正廉洁、公正贤明的形象，也成了当时文人墨客笔下文学作品中的最初形象。

这一时期包拯的形象多与其生活中的形象类似，只不过相比于常人，他的品行更为高尚，才智也更为超群。

到了元朝时，元杂剧日渐兴盛，“包公戏”成为当时颇受市民欢迎的一种戏曲题材，包拯的形象也随之发生了明显改变，他开始逐渐跳脱出官员形象，变成了疾恶如仇、行侠仗义、为民请命、反抗强权的“侠者”。

如果此时包拯的形象依然是个白面书生，那他反抗强权、行侠仗义的行为就会变得没有说服力，出于艺术性的需要，“黑脸包公”形象横空出世。

这种“黑脸包公”的形象并不仅仅指他的脸色是黑的，面部表情是威严的，其所指代的更多是一种价值观，或是一种特定的处世态度。

这一时期，包拯俨然成了法律的化身，他身上所展现的便是中华民族千年来的法度价值。元代的文学创作者们正是在此基础上，创制出了诸多各具特色的包公戏。

在关汉卿的《包待制智斩鲁斋郎》中，包拯通过自己的智慧将深受皇帝庇护的恶霸斩杀；在《包待制陈州粜米》中，包拯通过微服私访，查明真相，为百姓申冤，铲除了奸人。这些文学作品中的包拯所代表的正是帝制社会中仅有的一点维护百姓利益的法度。

到了明代，包拯的形象进一步趋向于艺术，在当时颇为流行的公案小说中，包拯依然是最为热门的故事题材。在这些小说中，包拯依然秉承着刚正不阿的个性，只不过他已经完全摆脱白面书生的形象，成了真正的“黑脸包公”，此时的包拯已经由人蜕变为神，化身为一种让人敬畏而不敢靠近的形象。

在明代万历年间的《龙图公案》中，包拯可通阴阳，将人间未断之事，送到阴间去解决。这种大大偏离社会现实的艺术创作在当时得到了许多百姓的喜爱，他们都沉迷于故事的内容，而不再关心包拯究竟是白脸还是黑脸的问题。

现代人对包拯的关注，除了近年来的一些影视作品外，最多的便是来自清代长篇公案小说《三侠五义》。在这部小说中，包拯除了依然延续铁面无私的清官形象外，还多了一些“忠臣”的形象。

包拯的这种“忠”不仅是维护皇权的“忠”，同时也是维护法度的“忠”，所以他的艺术形象依然延续了元代杂剧作品中的“黑脸”形象。正是《三侠五义》这部小说的流行，让包拯的“黑脸”形象彻底固化下来，怎么洗也洗不“白”了。

在《三侠五义》的第二回中，小时候的包拯被形容为“黑漆漆、亮油油、赤条条”的小儿；第十七回中，又提到包拯“方面大耳，阔口微须，黑漆漆满面生光”。这两段内容生动形象地描述了包拯“乌黑发亮”的面庞，给后世读者留下了深刻的印象，让包拯“黑脸”的形象深入了每一个读者的内心。

当然，要说真正让包拯“黑脸”形象延续至今的，还要说京剧脸谱，这种独具中国特色的特殊化妆方法，将人物的性格行为抽象为艺术线条，集中展现在脸上，包拯的“黑色正整脸”所表现的正是他“铁面无私”的人物性格。

象棋、围棋，
元朝人的各种博弈之乐

现代人空闲时间可以玩游戏、看电视、听音乐会……娱乐种类数不胜数，丰富多彩。但元朝并没有先进的电子设备，他们的娱乐活动是不是非常单调、无聊呢？答案当然是否定的，先不说前面章节提到的戏曲、话本，单说棋类活动，元朝就有很多种。

事实上，在先秦时期，中国就有了棋类活动。经过历朝历代的发展和演化，元朝的棋类活动已经非常丰富。如围棋、象棋、打双陆、围鹿棋等，这些都属于棋类活动。虽然每种棋类活动的玩法不同，但是，“河界三分阔，智谋万丈深”，棋类活动重在斗智斗勇，无论哪种棋类活动，都很考验智谋和谋略。

那么，元朝的这些棋类活动应该怎么玩呢？别急，我们一一说来。

围棋

元朝人很喜欢围棋，这一点从元朝的戏曲文艺作品中就能体现出来。

如李文蔚撰杂剧《破苻坚蒋神灵应》第二折写道：

[正末云：]叔父，唤您侄儿来有何事？

[谢安云：]谢玄，我唤你来观棋。

[王坦之云：]小将军匆罪。小官与老丞相下此一盘棋，请将军观棋。

[正末云：]观棋之意，如用兵之法。方圆动静，可得闻乎。

[唱]《牧羊关》：这棋布关天象。似星分运斗枢。

[王坦之云：]这方圆动静，可是如何。

[正末唱：]有方圆动静亲疏。静埋伏暗计包藏，动交战功城必取。

[王坦之云：]小将军，你观此棋，如排兵布阵相似也。

[正末唱：]圆用兵如棋子，方下寨似棋局。倚亲者添雄壮，接疏情势似孤。

从这一戏文可以看出，元朝的围棋和军事有着紧密的联系，这可以说是元朝围棋的一大特色了。元朝的围棋是在宋辽金的基础上发展起来的。与之相比，元朝围棋的普及程度不相上下。

围棋的玩法主要是使用长方形格状棋盘和黑白两色棋子进行对弈。棋盘上有纵横交错的平行线，双方交替行棋，落子后不能移动，最终围地多者为胜。围棋被认为是世界上最复杂的棋类游戏，各国之间制定的规则也不一样。

在元朝，围棋的玩法与近代大致相同，很多文人墨客都喜欢玩围棋。在当时还出现了很多关于围棋的书籍，如《玄玄棋经》《通玄集》《清远集》《幽玄集》《机深集》等。

象棋

关于象棋的起源有很多说法，其中元代和尚念常在《佛祖历代通载》中记载："神农以日月星辰为象，唐相国牛僧孺用车、马、将、士、卒加炮代之为机矣。"他认为象棋是神农氏创造，牛僧孺发展起来的。

到了北宋，象棋已经基本定型，那时的象棋模式和近代模式非常相像。北宋象棋共有32枚棋子，黑、红棋各有将（帅）1个，车、马、炮、象（相）、士（仕）各2个，卒（兵）5个。其玩法基本按照"马走日字，象飞田，车走直路，炮翻山。士走斜路护将边，小卒一去不复返。车走直路马踏斜，象飞田字炮打隔，卒子过河了不得"这种口诀进行。

时至南宋，象棋已经成为一种家喻户晓的棋类活动。我们熟知的文学家李清照、刘克庄，政治家文天祥、洪遵都嗜好下象棋，并且当时宫廷中的"棋待诏"（用来招揽围棋高手的机构，兴起于唐朝）中多为象棋手。

元明清时期，象棋依旧在民间广泛流行，并且当时象棋手的技术水平不断提高，人们还创作出了很多部总结性的理论专著，如《梦入神机》《金鹏十八变》《橘中秘》《适情雅趣》《梅花谱》《竹香斋象棋谱》等。

元　赵孟頫　《秋山仙奕图》（局部）

双打陆

打双陆又叫作“打马”，相传是由天竺传入的。它的玩法是在一个木制棋盘上，左右各画十二路，称为梁。它的棋子是用三寸多长的木头做成的，其形状上细下粗，和棒槌差不多，称为马。两人进行这种棋类活动时，用两粒或三粒骰子掷彩而行，其中白马从右到左走，黑马从左到右走，先走到对方的为胜者。

这种棋类活动在管军元帅和家境优渥等上层社会中非常流行。王实甫便曾经在《四丞相高会丽春堂》第一折中记载：

> 他说道明早叫俺这几个管军的元帅都到香山赏玩。安排筵宴管待俺。前人赐与我的一领八宝珠衣。明日穿到香山去。我与四丞相不射箭。和他们打双陆，将我这八宝珠衣，赌他那锦袍玉带，他必然输与我也。我若赢了他呵，便是我平生之愿……

围鹿棋

最后，元朝还有一种非常好玩的棋类叫作围鹿棋。围鹿棋又叫作“鹿棋”，蒙古语叫作“宝根吉日格”。

《元史》载，窝阔台汗1235年建成行宫，名曰万安宫。后来，人们在万安宫的废墟中发现了围鹿棋的棋盘，由此可以说明围鹿棋是元朝行宫中的一种娱乐活动。

根据研究，围鹿棋的玩法有五种，这几种玩法有简有繁，难度各不相同。其中，有一种玩法比较简单，儿童也可以玩。

这种玩法下的围鹿棋棋盘是三角形的，在三角形中十字交线有七个点，顶端有一座山，为平顶形，也有若干点。这种棋由两人对弈，一人为鹿方持一子，用石块或木块当作棋子，另一方为狗方持七子，用小木块或杏核当作棋子。

游戏开始后，鹿棋在山上某点，狗先走一格，然后鹿走。鹿跳过一只狗时，可以把这只狗杀掉，但遇到两只狗时，鹿不能杀狗，只能向空点移动。狗每次可以在棋盘上添加一枚棋子，设法让两只狗相连，阻止鹿跳杀，并且限制鹿走动。如果鹿吃掉两只狗，那么鹿获胜；如果狗堵死鹿，那么狗获胜。

与现代的娱乐活动相比，元朝的棋类活动需要很强的脑力和精力。下棋讲究的是落子无悔，它体现的是下棋者的战略战术、策略谋划和心态。总之，想要下好一盘棋不是一件容易的事情。

让外国人震惊的
元代青楼业

“大爷，快来玩儿啊！”

这句话几乎成了一般人对古代青楼行业的刻板印象。但事实上，古代青楼业并没有这么“放浪形骸”。相反，青楼是个很高档的场所，青楼里的妓女也与一般人理解的妓女不一样。

胡适先生认为“歌曲是起于歌妓舞妇女，元曲也是起于歌妓舞女”。他有此想法，正是因为青楼里的女子自身素质是比较高的，她们不但精通琴、棋、书、画，而且擅长用智、艺为达官贵人、风流才子们排忧解难。

自唐代始，人们将“娼”与“优”区别开来。娼便是专门以色侍人的女子；而优则需要不断学习诗词书画，练习歌舞，以便与客人进行艺术与精神上的沟通。比如李白、白居易等诗人喜欢挟妓出游，实际上，他们带的女子都是以歌舞助兴的青楼女子，而非娼妓。

先秦时期就已经出现了青楼，而元朝则是青楼业发展的重要

佚名　元本　《清明上河图》（局部）

时期。这一时期，青楼数量达到了顶峰，且妓女的形象在文人笔下也变得空前完美。

意大利旅行家马可·波罗在其所著的《马可·波罗行记》中，详细描述了元朝青楼行业的发达。“凡卖笑妇女，不居城内，皆居附郭……计有二万有余，皆能以缠头自给，可以想见居民之众。”从马可·波罗记载看，元大都当时的妓女大概在2万~3万人。后来，马可·波罗又去了杭州。在这里，马可·波罗直接被当地发达的青楼业震惊了，“其数之多，未敢言也，不但在市场附近此辈例居之处见之，全城之中皆有。衣饰灿丽，香气逼人，仆妇甚众，房舍什物华美”。

为什么元朝的青楼行业格外发达呢？

因为元朝的经济十分发达，发达的经济促进了城市工商业的发展。经济发达，青楼行业以及与之相依的酒馆瓦舍才有可以发展的土壤。

除此之外，元朝文人将青楼女子捧到了一定高度，这也正面影响了青楼行业的发展。自商朝以来，文人笔下的女子多是反面角色，如褒姒、妲己等更是误国的红颜祸水。可是，在元朝文人的文学作品中，这些青楼女子确是敢爱敢恨、才高八斗的性情中人。

为什么会出现这种情况呢？因为元朝以武定国，是一个崇尚军事的朝代。在这个特殊的朝代里，原本“万般皆下品惟有读书高”的读书人，其地位开始受到影响。在元朝，甚至有“七匠、八倡、九儒、十丐”之说。

所以，元朝的读书人是有“不平之气”的。他们满腔愁苦无处诉说，只能来到青楼寻一位有文化素养，且同为社会底层的女子进行精神交流，并以此逃避现实。于是，青楼女子在元朝文人的笔下，成了与读书人惺惺相惜的知音。

元朝文人笔下的青楼女子，容貌美丽，才情出众。她们“无风尘之态，有闺中少女之情坚”，过着端庄的淑女生活，却又比寻常淑女精通琴、棋、书、画。

比如《青衫泪》中的裴兴奴，她“吹弹歌舞，诗词书算，无所不通，自小时曾拜曹善才为师，学得一手琵琶”。再比如《玉壶春》中的李素兰，为了追求爱情“今朝剪下青丝发，方表真心不嫁人”。

不过，元朝青楼女子虽然受到人们追捧，但这个行业毕竟是上不了台面的。与今天在舞台上星光闪耀的明星不同，这些青楼女子的身份地位是很低的。

我们都知道，元朝统治者在人口上实行了四个等级。可在这四个等级中，又根据不同的行业将人们分成良人和贱民。青楼女子与奴婢、仆从一样，都是属于贱民一类。

元朝时期，青楼女子大多来自良人。虽然元朝统治者在《通制条格》卷四《户令·躯妇为娼》中，发布了：“今后赎买、典雇良人为娼，卖主、买主、引领牙保人等依例断罪，元买价钱，一半没官，一半与告人充赏。如本人自行陈告，或因事发露到官，元价尽行没官，妇人即令为良，任便住坐。”明确禁止了以良为娼、赎买和典雇良人为娼的行为，但事实上，青楼女子的主要来源依旧是良家女子。

《故申府君墓志铭》中，曾有“适岁大祲……奸人罗甲收良家女百十人，抑使为娼，因交结权贵，邀纳货赂”的记载，《至正直记》卷三中，也有“北方饥”“渡江转卖与人为奴为婢”“好者已被倡优、有力者先得之”的语句。可见元朝时期，家道中落、家境贫寒的良家女子被迫为娼为优的事情屡见不鲜。

在元朝文人的笔下，青楼女子的形象虽然获得了极大的改善，但事实上，元朝的青楼女子在社会上依旧属于无地位，生活上受压迫的一个特殊群体。

然而，正是这样一个群体促进了元朝戏剧戏曲的蓬勃发展。比如元代文人夏庭芝撰写的《青楼集》中，就收录了110余位青楼歌妓艺人的事迹。

这些女子在杂剧、院本、嘌唱、说话、诸宫调、舞蹈、器乐等方面都颇有才能。除了她们的艺术造诣外，《青楼集》还记录了这些青楼女子与当时的文人才子、戏曲作家、达官显贵们交往的事迹。从中，我们能大略还原出一个戏曲繁荣的元朝。

所以，让马可·波罗震惊的元代青楼行业得以繁荣发展，背后除了元朝经济的发达外，与文人、戏剧家的追捧也密不可分。毕竟，才子佳人的故事，谁不喜欢呢?

没饭局？

那这事就没得谈

人每天都要吃饭，吃饭最原始的目的只是填饱肚子。后来，大部分人能吃饱了，于是吃饭又引申出了其他功能，比如谈事。

历史上有名的饭局

在古代，吃饭被看成是一种等级制度，也可以被看作权力的象征。尤其是人们可以借饭局招兵买马、排斥异己，也可以借饭局张扬势力、攀比高低。

中国历史上著名的饭局太多了，比如楚汉时期项羽给刘邦准备的“鸿门宴”，三国时期曹操为刘备准备的“青梅煮酒”，江东群英为诸葛亮准备的“群英会”，北宋时期赵匡胤的“杯酒释兵权”。在觥筹交错间，饭虽没吃好，但事儿却有可能办成了。

而且，人们喜欢在饭局上谈事的习惯，其实也与人性分不开。原始社会，食物是相当重要的物资。所以，食物可以让人们放下戒备，也可以拉近人与人之间的距离，是一种颇为友好的表现。在中国数千年的专制社会中，我们不难看出权力对饭局的影响。可以说，主人或宾客的权力，参与饭局的等级身份决定着饭局上的饭碗大小与饮食质量。

早在唐朝时期，著名画家吴道子、韩滉、张萱等人，便靠着数不清的饭局，让自己成为贵族中的一员。值得一提的是，唐朝时期的民间画工，每日的工钱只有15文，这点钱只能勉强维持温饱。所以，人们都愿意参加有身份、有地位的人组织的饭局，这样才能提高自己的身价，让自己跻身上流社会中。

到了宋朝，热爱美食的宋徽宗更是将“饭局文化”推向了高潮。他时常邀请宠臣到宫廷中吃饭，宫中宴饮也是极尽奢华。那些得知宋徽宗有此“雅好”的臣子们，便削尖了脑袋地往里钻。只要在饭局上讨得徽宗欢心，那锦绣前程还会远吗？

元朝的饭局与圈子

可是，若论饭局和政局的关系，元朝才是真正的顶峰。在元朝，你可以见识前脚在皇帝面前“往事已非那可说，直将忠直报皇元”，转过身又自诩逍遥自在，作出“闲身却羡沙头鸥，飞来飞去百自由”的书法家赵孟頫；也可以见识双眼不容俗物、因为拒绝张士信饭局而被事后找碴，当街毒打的画家倪瓒。

元朝的饭局究竟什么样？文人王恽在其所著的《吕嗣庆神道铭》中给出了答案：“国朝大事，曰征伐，曰搜狩，曰宴飨，三者而已。虽矢庙谟、定国论，亦在于樽俎餍饫之际。”意思是吃吃喝喝与征伐搜狩同等重要，都是国家大事。比如有名的“诈马宴”，就是专门探讨国家大事的饭局。

“诈马宴”又称“质孙宴”，出席宴会的都是皇族与重臣。元代文学家周伯琦在其所著的《近光集》中载道：“国家之制，乘舆北幸上京，岁以六月吉日，命宿卫大臣及近侍，服所赐只孙珠翠金宝衣冠腰带，盛饰名马，清晨自城外各持采杖，列队驰入禁中，于是上盛服御殿临观，乃大张宴为乐。惟宗王、戚里、宿卫大臣前列行酒，馀各以所职叙坐合饮，诸坊秦大乐，陈百戏，如是诸凡三日而罢。其佩服日一易；太宜用羊二千，马三匹，他费称是，名之曰只孙宴。”

“诈马宴”要举办三日，每次需两千只羊和三头牛，赴“诈马宴”的王公贵族，都要穿着由皇帝赏赐、工匠特制的质孙服。这质孙服需每日一换，且颜色一致。从“诈马宴”上，我们也能看出蒙古王公重武备、重衣饰、重宴飨的习俗。元朝时期，重要的军国大事都是在宴会上洽谈的。为此，元代诗人杨允孚还专门做了表颂：

千官万骑到山椒，个个金鞍雉尾高。
下马一齐催入宴，玉阑干外换官袍。

有蒙元皇族开了先例，元朝官宦名士也都格外注重起饭局来。毕竟在元朝，饭局是最能体现一个人身份地位的活动。

有钱有权势的人，都喜欢在饭局上大摆排场，以此吸引人才“加盟”。而待价而沽的寒门人士，也会想方设法地吸引权贵注意，以求加入权贵们的饭局。同样的，权贵也会在饭局上或寻找门路，或结交他人，或暗暗攀比。

元　赵苍云　《刘晨阮肇入天台山图》（局部）

比如元朝名士畅师文，他文武全才，又是少年成名，所以身上傲气很重。他写过《农桑辑要》，也修过国史，属于体恤百姓的官员。可是，他对饭局也有一种近乎病态的执着。

一次，陕西廉访副使卢挚前往湖南公干，听闻畅师文也在附近，便让小厮去请畅师文吃饭。谁知，畅师文一来便发了脾气。

只见畅师文厉声询问："是谁安排这么做饭的？"小厮不明就里，唯唯诺诺答"是典史"。典史是元代一种不入流的小官，大略相当于卢挚家的后勤总管。畅师文到卢挚家做客，还未吃上饭，便将典史叫来臭骂了一顿。

典史被骂得一头雾水，畅师文的随身童子解释道："我家老爷不跟下人们吃同一口锅里做出来的饭，我家老爷吃饭必须要开

小灶，用专门的灶具，就连锅的大小、木柴的长短都有规定。”

由于畅师文是卢挚请来的贵客，典史也不敢怠慢。他赶紧买来干净的锅子与柴火，并亲自将灶台码好，等一切准备就绪，畅师文却以典史不懂规矩，招待不周为名，扬言要开除对方，可见当时权贵饭局的讲究。

在元朝，饭局就是地位的符号，你经常参加哪个阶层的饭局，人们就会将你看作相应阶层的一员。同时，元朝的饭局也是一种驯化手段。在那样的大背景下，人们慢慢“入乡随俗”“随波逐流”。

就像今天的乙方一样，他们拿着甲方的钱，就要接受甲方的审美。那些有能力的人才，既然吃了人家的饭，那就要为对方办事。

如此一来一往，元朝人的饭局也就跟政局分不开了。

城市生活
异常繁荣

从一个元朝人的梦看元代娱乐行业

元朝末年有位大学者名叫陶宗仪，他博闻广识，在晚年完成一部以元朝史事为内容的《南村辍耕录》。这部书中有些内容是经过考证的，但有些内容却是陶宗仪个人的创作，但因为细节多符合元朝史实，因而成了后人研究元代历史一个重要的信息来源。

在《南村辍耕录》中有这样一个故事：大元至元二年（1336）的一个夏天，松江府有一个人名叫顾百一，他家住在一座勾栏（类似于剧场的场所）附近，有一天晚上，他做了一个梦，梦见在阎罗殿中，有四十余人一起被抓了起来，被小鬼强迫着在生死簿上画押。

梦醒了之后，顾百一有点后怕，白天与一个邻居聊天的时候，邻居说自己也做了类似的梦，顾百一于是变得更加惶恐。家人没有办法，就劝他去散散心，不行就去勾栏里面听听戏，但是都被顾百一拒绝了。

顾百一的女儿叫宫奴，日常非常喜欢听戏，经常去勾栏学唱。这一天，勾栏开戏的时候宫奴又去学，突然听到房顶有巨大的声响，于是大家四散逃跑。但接下来却什么也没发生，于是大家又重新回来听戏。结果戏刚刚重新开始，勾栏就塌了。顾百一听到勾栏倒塌，赶快跑进去救女儿，结果自己也砸死在了里面，而女儿其实早就已经出来了。后来人们搜检尸体，发现连同一个和尚两个道士，被砸死的人一共有四十二个，和顾百一做的梦一模一样，而和顾百一做同样梦的沈姓邻居，也被砸死在了勾栏里。

陶宗仪的故事当然接近于无稽之谈。但是，从这个故事的细节中，我们还是能够读到一些有用的信息的。

首先，勾栏这种宋朝流行的大众娱乐场所，在元朝被保留了下来。其次，在顾百一“郁闷”的时候，家人提议他去听戏，而女儿宫奴日常最喜欢做的事情也是去听戏，这就说明在元朝听戏已经成为一种大众娱乐方式，没有年龄和性别的限制。最后，被砸死的有和尚和道士，这说明元朝娱乐业的受众非常广泛，不仅有普通人参与，更有特殊身份如出家人参与。

欣欣向荣的城市娱乐业

那么，供大众娱乐的勾栏处在什么位置呢？元朝城市商业发达，大中小城市一应俱全，在大城市中，因为大多数人已经脱离了基本农业，必然需要多种多样的文化娱乐生活，因而才能够让宋朝的勾栏文化得以保留。

佚名　元本　《清明上河图》（局部）

而在小型集镇和农村，农民的文化娱乐生活则主要是靠不定期的杂剧团体来满足。这些团体就类似于今天的“走穴”“下乡”“草台班子”，在各地的乡间流动，靠乡民的馈赠或雇佣讨生活。

既然是要满足大众，那么自然要有大众喜欢的节目，从元朝留下的杂剧曲目来看，最受元朝观众欢迎的一般都以历史故事、公案和现实杂剧为主，如三国戏，就是典型的历史故事，而《窦娥冤》则是呼应观众情感的现实杂剧。

除了杂剧之外，元代的勾栏中还有其他文艺表演，如摔跤比赛、魔术戏法等，更有甚者还出现过类似于今天KTV一样的服务，观众们可以自由结对登台演出。

庞大的城市规模呼唤着娱乐业，而娱乐业的繁荣，更进一步完善了城市的商业门类。今天我们去电影院看电影，往往会有配套的餐饮服务，在元代也是一样的。据马可·波罗记载，元代大城市的餐饮服务已经非常发达，街边小吃各式各样，沿街叫卖的小贩更是随处可见，尤其是勾栏旁边经常出现“小吃一条街”，更是通宵达旦地营业。

餐饮服务之外，其他服务也开始出现，如宋朝时就有的洗浴业、按摩业、外卖业等，在元代也一样繁荣，再加上茶坊、药店、算卦摊、酒肆、理发店、首饰铺、服装店等消费场所，元朝都市生活可谓是五光十色，充满了乐趣。

而且，由于蒙古帝国民族混居，商业空前繁荣，导致一些让人绝对想不到的有偿服务都开始出现。如有历史记载，当时的杭州城有一个剧团，居然可以用波斯文、汉语和阿拉伯语三种语言演出，实在是让人觉得叹为观止。城市商业发达的另一个表现就是服务业竞争加剧，据说当时勾栏为了争抢观众，竞相打出各种“酷炫服务”的招牌，不过大多是“标题党”，把观众糊弄进去了事。而有财力的勾栏，则是选择除了“广告”之外的办法，如找名人背书，派人在门口用表演来招揽客人。

服务业卖力竞争，看重的当然是背后的利益，元朝与文人曾形容勾栏：“要了二百钱放过咱，入得门上过木坡，见层层叠叠团圞坐。抬头觑是个钟楼模样，往下觑却是人旋窝。”层层叠叠的观众群体出现，勾栏经营者必然赚得盆满钵满，只是观众看得是否过瘾，就不在他们的考虑范围之内了。

商业的繁荣带来了城市生活的多姿多彩，多姿多彩的元代城市生活，更源自各行各业的麇集。生活在元朝，如果真的能够做一个有钱有时间的普通市民，想来是不会感到无聊的，只是不知道在那个短暂的朝代，有多少老百姓真的能够过上“普通市民”的生活。

附录1　元朝纪元表

中国历代纪元	谥号/庙号（姓名）	生卒年	在位时间	在位时长（年）	评价高的时期	重要事件
元（1206~1368）	元太祖（孛儿只斤·铁木真，封号：成吉思汗）	1162~1227	1206~1227	22		统一蒙古诸部、建立大蒙古国
	元睿宗（孛儿只斤·拖雷）	1193~1232	1227年担任监国，1228	1		
	元太宗（孛儿只斤·窝阔台）	1186~1241	1229~1241	13		西征欧洲、灭金伐宋、统一北方
	乃马真后（称制）	？~1246	1242~1246	5		
	元定宗（孛儿只斤·贵由）	1206~1248	1246~1248	3		西征欧洲、吐蕃归附
	海迷失后（称制）	？~1252	1249~1251	3		
	元宪宗（孛儿只斤·蒙哥）	1209~1259	1251~1259	9		第二次西征欧洲、远征西亚、进攻南宋
	元世祖（孛儿只斤·忽必烈）	1215~1294	中统（1260~1264）、至元（1264~1294）	36		统一全国、首创行省制度、开凿大运河
	元成宗（孛儿只斤·铁穆耳）	1265~1307	1294年即位，元贞（1295~1297）、大德（1297~1307）	14		
	元武宗（孛儿只斤·海山）	1281~1311	1307年即位，至大（1308~1311）	4		设尚书省、推行改革
	元仁宗（孛儿只斤·爱育黎拔力八达）	1285~1320	1311年即位，皇庆（1312~1313）、延祐（1314~1320）	9		科举制度、以儒治国

续表

中国历代纪元	谥号 / 庙号（姓名）	生卒年	在位时间	在位时长(年)	评价高的时期	重要事件
元（1206~1368）	元英宗（孛儿只斤·硕德八剌）	1303~1323	1320 年即位，至治（1321~1323）	3	至治改革	南坡之变
	元泰定帝（孛儿只斤·也孙铁木儿）	1293~1328	1323 年即位，泰定（1323~1327）、致和（1328）	6		
	元天顺帝（孛儿只斤·阿速吉八）	1320~1328	1328 年即位，天顺（1328）	1		两都之战
	元文宗（孛儿只斤·图帖睦尔）	1304~1332	1328 年即位，天历（1328~1329）	2		
	元明宗（孛儿只斤·和世琜）	1300~ 1329	1329 年即位，天历（1329）	184 天		
	元文宗（孛儿只斤·图帖睦尔）	1304~1332	1329 年即位，天历（1330）、至顺（1330~1332）	3		编修《经世大典》
	元宁宗（孛儿只斤·懿璘质班）	1326~1332	至顺（1332 年 10 月 23 日 ~1332 年 12 月 14 日）	53 天		
	元顺帝（孛儿只斤·妥懽帖睦尔）	1320~1370	1333 年即位、元统（1333~1335）、（后）至元（1335~1340）、至正（1341~1368）	37	至正新政	

附录2　元朝科技文化成就一览

棉纺技术的革新。黄道婆（约1245—1330年）发明了新的赶、弹、纺、织工具（如去籽搅车、弹棉椎弓、三锭脚踏纺车等），提高了纺纱效率。在织造方面，她用错纱、配色、综线、絜花等工艺技术，织制出有名的“乌泥泾被”，附近上海、太仓等地竞相仿效，很快，淞江一带成为全国的棉纺织中心。

元代马奶酒、葡萄酒盛行，但以汉族为主的广大农业区主要饮用的是粮食酒。蒙古语称米酒为“答刺速”。

在酒类中，元时还流行药酒，可祛病强身，有滋补的功效。

值得注意的是，元代从海外引进了蒸馏技术，并应用到酿酒工艺中，逐渐在全国传播，当时称这种制法的酒为烧酒、白酒，日后成为了中国酒的一个重要品种。

高足杯在元代极为盛行。从考古发掘来看，南北陶窑皆有高足杯出土，但就元代高足杯来说，以江西景德镇窑和浙江龙泉窑为多，其中，景德镇窑的产品最丰富。有人对元代青花瓷的器形数量做过统计，得出“就国内所藏元青花总数说，高足杯约占22%”的结论。

胡同一词最初见诸元杂曲。关汉卿的《单刀会》中，有“杀出一条血胡同来”之语。元杂剧《沙门岛张生煮海》中，张羽问梅香：“你家住哪里？”梅香说：“我家住砖塔儿胡同。”砖塔胡同在北京西四南大街，地名一直未变。元人熊梦祥所著《析津志》中说得明白：“胡通二字本方言。”即指元大都的方言。

元明清用于导航的罗盘是24位方位水罗盘。这种技术利用8个天干（10个天干减去位于中间的“戊”和“己”）、12个地支，以及八卦的四个方位，将航海罗盘圆周分为24等分，使方向能够准确地指示。

火铳。宋朝发明用竹管做的“突火枪”。但是发射一两次后就不能再使用。而且射程不远，又容易炸膛。元朝制出了金属管形火器“火铳”，使火药枪进入实用阶段。

木活字转轮排字盘。元朝科学家王祯发明了活字转轮排字盘，活字印刷得到迅速发展，并于1298年用木活字排印《旌德县志》；其《造活字印书法》（附于王祯《农书》书末）是最早的系统地叙述活字排版印刷术的科技文献。此前，捡字和排字时间太长是阻碍活字印刷术推广的障碍之一。

彩色套印。1941年，我国发现了一部元朝至元六年（1340年）刻印的《金刚经》。这部《金刚经》是两色套印的，这是现在所知道的最早的木刻彩色套印本。它比欧洲第一本带色印的《梅周兹圣诗篇》要早117年。

新天文仪器。元朝天文学家札马剌丁自己制作的天文仪器有多环仪、方位仪、斜纬仪、平纬仪、天球仪、地球仪，观象仪等七种。这些仪器，当时在世界上是罕见的。

《授时历》。元朝天文学家和水利专家郭守敬制定。于1280年(至元十七年)颁布通行。《授时历》以365.2425日为一回归年，现代测定的一回归年为365.2419

日，两者相差只有26秒。

数学成就。1280年，元代数学家及天文学家王恂与郭守敬等制订《授时历》时，不但列出了三次内插公式（“招差法”），还使用“垛垒、招差、勾股、弧矢之法”进行缜密计算，其中将穆斯林发明的弧三角法应用于割圆术获得“弧矢割圆术”（即球面直角三角形解法）最为称奇。

1303年，元代数学家宋世杰撰写的《四元玉鉴》问世。朱世杰将“天元术”推广为“四元术”（四元高次联立方程），并提出“消元”的解法；欧洲则在1775年由法国人别朱提出同样解法。朱世杰的另一项成就是对各有限项级数求和问题的研究，而且在此基础上得到高次差的内插公式；在欧洲，1670年英国人格里高利、1676—1678年牛顿才提出内插法的一般公式。

元朝科学家王祯写了《农书》。这是一部植物和农业百科全书。全书约有13多万字与300多幅图画，全文分为“农桑通诀”“百谷谱”“农器图谱”三大部分。

元杂剧，又称北杂剧，是元代用北曲演唱的传统戏曲形式。形成于宋代，繁盛于元大德年间（13世纪后半期—14世纪）。主要代表作家有关汉卿、郑光祖、马致远、白朴等。主要代表作有：《窦娥冤》《倩女离魂》《汉宫秋》《梧桐雨》等。

关汉卿、白朴、马致远、郑光祖并称为“元曲四大家”。

后 记

“东风不与周郎便，铜雀春深锁二乔。”杜牧调侃赤壁之战，表达物是人非的沧桑。那现在的人调侃历史是因为什么？

《步步惊心》有一个耐人寻味的情节：穿越到清朝的女主在给八阿哥出主意时，让他留心四阿哥胤禛府上的邬思道，因为此人为四阿哥最终登上宝座的关键法宝，这显然是女主受历史剧《雍正王朝》影响的缘故。

把虚构的历史当真实，乃至把错误的历史看成真相，似乎是一种常见的现象，历史成了任人打扮的小姑娘。很多人尤其青少年容易被自己喜欢的历史剧、历史读物误导：穿越剧流行的时候，有的孩子甚至认为车祸等事故真能制造“穿越”机会；写后宫戏的网文总在写，“穿越”过去后即便不是公主贵族，也会过着白富美或高富帅的生活……

喜欢“穿越”的读者，应该渴望看到不一样的风景，领略不一样的文化，体验不一样的人生。可惜在绝大多数的“穿越”剧中，这类体验都被简化为经不起历史验证的服装道具化妆等背景；而在大部分类似的网文小说中，这类体验都被统一为杜撰历史的意淫故事。

有鉴于此，我想通过策划一套专门的丛书来纠纠这样的风气。但讲述真实尤其是普通人的历史会有人关心吗？毕竟《三国演义》的知名度和热销度都远胜于《三国志》。做既真实又能吸引读者的历史读物，要从什么角度入手呢？从本科到博士的专业背景以及多年从事文史书籍出版的工作经验都让我在不断思考：曾经灿烂辉煌的中华文明到底是什么样子？那些惊艳了千百年的历史文物能告诉我们吗？为什么我们现在需要而且能够拥有文化自信？

对每个中国读者而言，从诗经楚辞汉赋、唐诗宋词元曲、明清小说小品文中，一定感受到了历史的生命诗意；从老庄道学、孔孟儒学、魏晋玄学、隋唐佛学、宋明理学中，一定理解到了历史的思想智慧。或许还远不止于此，还有闻名遐迩的四大发明，浩如烟海的二十五史……而那些真实存在过、教科书却来不及讲述，如珍珠般遗失散落于典籍史海的古人日常生活，往往被弃之不顾或视而不见，但实际上正是这些珍珠串起了中华民族绚烂璀璨的日常生活文明史。

从日常生活的角度切入中国古代历史，这是本丛书选择的角度，也是体现普通人的历史视角。

不论时代如何变化，人们的日常生活无非是：衣、食、住、行、工（作）、学（习）、礼（仪）、（娱）乐，丛书即从这八个方面着手展开。概括一点来说，历史上古人的穿衣吃饭居住出行，展示的是不断进步的科技文明。当然工学礼乐也会跟科技相关，如医学工作的逐步细分体现了技术的不断进步，礼仪增加的仪式可能跟天文历法的新发现有关，娱乐活动的不断丰富是由新发明带动的。而它们更多地反映了延续千年的文化文明，虽然各朝代会有所区别，但更具有共性，中华民族正是依靠强大的文化惯性自强不息。

归纳起来，一部中国古代日常生活史，也是一部中华民族的古代科技文化史。

而这样的历史，在中小学生的课本里边，由于篇幅有限是无法展开描述的；即便走入大学阶段，如果不是专门学习历史专业，也难以接触到。因此我们把丛书定为：“课本来不及告诉你的古代史”。

当然，相对于琐碎的日常生活，衣食住行工学礼乐还不足以概括全部，因此在具体组稿中，我们对内容进行了相近归类，例如把化妆归类到衣饰类，把一些特殊技艺归类到工作类。

丛书根据隋唐、两宋、元、明、清等历史时段，分五卷来呈现中国古代千余年的科技文化史。我们可以从“九天阊阖开宫殿，万国衣冠拜冕旒”领略盛唐气象，体验隋唐人的灿烂时光；从“烟柳画桥，风帘翠幕，参差十万人家……市列珠玑，户盈罗绮，竞豪奢”想象大宋风华，感受宋朝人的风雅岁月；从“定乾坤万国来降。谷丰登，民安乐，鼓腹讴唱”慨叹大元一统，体会元朝人的别样年华；从“三代八朝之古董，蛮夷闽貊之珍异，皆集焉……凡胭脂簪珥、牙尺剪刀，以至经典木鱼、伢儿嬉具之类，无不集”观看大明王朝之丰茂，走进明朝人的情调生活；从“座上珠玑昭日月，堂前黼黻焕烟霞”一窥大清朝的盛世韶华——虽是强弩之末却也集锦绣之最——一探清朝人的精致世界。

需要说明的是，在漫漫历史长河中，每个朝代都经历了兴衰荣辱。暂且把“衰”与“辱”留给史学家们去深沉思索，在这里，让我们感受每个王朝大一统后的繁华岁月，毕竟这些岁月里处处闪烁着科技文化之光，埋藏着我们至今仍引以为傲的宝贵财富。

为了准确和较为全面地呈现这段科技文化历史，我们延请的作者都是上述朝代历史的深耕细作者，也是历史文化普及者，尤其是考古专业出身的李云河老师等。他们通过一手发掘、鲜为人知的文物考古资料，别开生面地呈现那时那地那景，带你走进一个看似熟悉却又陌生的古代世界。丛书主编徐德亮先生，近些年一直身体力行进行传统文化的普及工作，以北大中文古典文献专业出身的深厚功底，对该书的内容进行了统筹和校正。另外，中国人民大学历史学院魏坚教授等老师，于柏川、杨宁波、武彤、兰博、曾天华等五位博士为本丛书内容的审定提供了专业帮助。特别感谢科技史专家戴吾三先生拨冗全力细心修订各卷“科技文化成就”部分，还有中央民族大学付爱民等老师、特邀编辑朱露茜等也为本丛书的出版做出了贡献。在此一并感谢！

我带领编辑团队成员——胡明、张强反复打磨稿件：为了确保稿件的原创性，我们采用最权威的论文查重系统对稿件进行检测；为统一讲故事的风格，针对五六位不同作者的差异表达，我们先后统稿三次；为了匹配与内容对应的精美插图，我们对图片进行了精挑细选；为了一个章节名，为了一句话的严谨表达……我们精益求精，前后用了一年多的时间完善策划、打磨稿件，只为了给读者带来非凡的视觉审美享受。为了加深读者对古人日常生活的体验感，我们还特地与西瓜视频的up主合作，在有的内容篇章加入短视频，增进身临其境之感。

除此之外，为了增进青少年对历史知识尤其是我国古代科技文化成就的了解，增强文化自信，我们在每卷后附加了两个材料：一是每个朝代纪元表，包括帝王名讳、生卒年、年号、主要历史贡献等；二是每个朝代的科技文化成就集锦以及向国外的传播史。希望青少年以此为基点，燃起科技与文化强国的兴趣和雄心！

从策划者的角度出发，我希望这套丛书不只是青少年会喜欢，父母和孩子也可以体验亲子阅读，共同感受我国科技文化之强之美。

习近平总书记在党的十九大报告中指出："文化是一个国家、一个民族的灵魂。文化兴国运兴，文化强民族强。没有高度的文化自信，没有文化的繁荣兴盛，就没有中华民族伟大复兴。"

"吴宫花草埋幽径，晋代衣冠成古丘。"虽然唐宗宋祖、一代天骄的风流已被风吹雨打去，支撑帝王将相丰功伟业的无数民众业已湮没无闻，但是他们创造的历史文化，发明的科技神奇，却深深地融入了中华现代文明的血脉，化作我们继续前行的动力，生生不息！

策划人：李满意

2021年6月1日